CHINA'S MEGA PROJECTS
中国超级工程丛书

CHINA ROAD

中国路

聂震宁 总顾问

陈 馈 王江卡 周 蓓 主编

河南科学技术出版社
·郑州·

“中国超级工程丛书”编委会

前言 PREFACE

有这样一些工程被誉为“超级工程”，它们通常规模宏大、技术复杂，一般应用多项突破性的科学技术，而且在所建造的时代，它们具有代表性和象征意义。

“超级工程”推动了社会的发展，甚至成为一个国家国力强盛的标志，影响深远。

如今，中国的“超级工程”，因其建设的难度大、速度快、科技含量高，已引起世人的高度关注。

为了把这些体现中国人智慧的“超级工程”展现给广大的小读者，“中国超级工程丛书”编著团队从小学高年级学生和中学生的视角出发，从专业的工程建设信息中筛选出小读者感兴趣的知识点，让小读者在阅读中感受“超级工程”带来的震撼，了解这些了不起的工程背后的有趣故事。

读以致用、读以致知、读以修为、读以致乐，通过令人耳目一新的阅读之旅，小读者可以了解当今中国先进的制造业、国际领先的设计水平、无与伦比的施工效率，以及高性价比的产品和服务。阅读这套丛书可帮助小读者树立科学信念与志向，发扬锲而不舍、勇于实践、乐于协作的科学精神。

“超级工程”也凝结了无数建设者的智慧和汗水。小读者捧起这套丛书，从字里行间就能体会到他们百折不挠、不畏艰辛的精神，严肃谨慎、精益求精的态度。而这些让人敬佩的建设者也深深感动着、激励着编著团队！

此外，这套丛书还有丰富、精美的插图，它们能生动地解析复杂的科技原理，把生涩难懂的内容变得鲜活有趣。

阅读这套图文并茂的工程科普图书，可以让小读者化身小小建设者，发现工程建设中遇到的各种挑战，跟着工程师们一起，突破自我、勇敢前行！

CONTENTS
目录

古有『蜀道之难，难于上青天』，如今雅西高速就好像飞在青云间的天路，它蜿蜒在崇山峻岭、层峦叠嶂之间，穿过烟雾缭绕的云海一路攀爬。行驶其中无不让人感叹中国工程的伟大！

第一章 雅西高速

蜀道难

断裂带密布的 V 形深谷

雅西高速是四川省雅安市至西昌市的高速公路，全长 240 千米，是京昆高速的一段。其位于青藏高原与四川盆地的过渡地带，这一段地形变化剧烈，地势跌宕起伏，高山被河流、深谷“切割”出一道道 V 形。

这里还密布了十几条断裂带，其中有大凉山断裂带、鲜水河断裂带、安宁河断裂带等，发生地震时，其地表的地震烈度往往高达Ⅷ度、Ⅸ度。

这一地区的地质灾害频发，像泥石流、山体滑坡、崩塌等。这些地质灾害给工程建设带来了很大困难。

雅西高速所在地区的特点如图示。

植被茂盛

高寒冰冻

山体滑坡

断裂带

这一地区的气象条件也复杂多变，既有暴雨、浓雾及风力达 11 级的天气，也有高海拔季节性冻土和积雪路段，这给高速公路的建设与运营带来了很多挑战。

可“朝发夕归”的“天梯之路”

雅西高速从四川盆地至横断山脉不断攀升，从海拔 600 多米直到海拔 3 200 多米，落差达 2 600 多米。

如何让汽车开上这“难于上青天”的蜀道呢？雅西高速的建设者们采取了建设桥梁、修建隧道的办法——雅西高速有 55%的路段是桥梁和隧道，其中荥经县至彝海镇 160 千米路段中桥梁和隧道占 70% 以上。

雅西高速的建成大大缩短了两地间的行车时间。以往从雅安到西昌，由于气候多变，道路复杂，少则一天，多则几天才能到达。现在全程高速，车程大约 4 小时，可以实现“朝发夕归”。

“天梯之路”

雅西高速每向前延伸 1 千米，其海拔平均会提高 7.5 米，所以雅西高速又被人们称为“天梯之路”。

你知道吗？

建筑物的抗震标准

建筑物的设计建造要符合国家规定的抗震标准，如果不达标是不会通过验收的。不同的地区建筑抗震设防标准也不同，根据国家《建筑抗震设计规范》的规定，我国大部分地区的建筑物抗震设防烈度为 7 度，而雅西高速部分路段的抗震设防烈度为 9 度。

雅西高速的纵坡

在山间的高速上行驶，车辆要面对很多危险，尤其对大货车而言，其重量越大惯性就越大，所以下坡时需要更大的力来刹车。

为了保证行车安全，高速公路和隧道的建设应尽量控制纵坡。具体来说，“隧道的纵坡不应大于 3%”，即车辆每行驶 100 米的水平距离，垂直上升的海拔极限为 3 米。

纵坡

纵坡是指路线纵断面上同一坡段两点间高差（H）与其水平距离（L）的比值。以百分率表示。

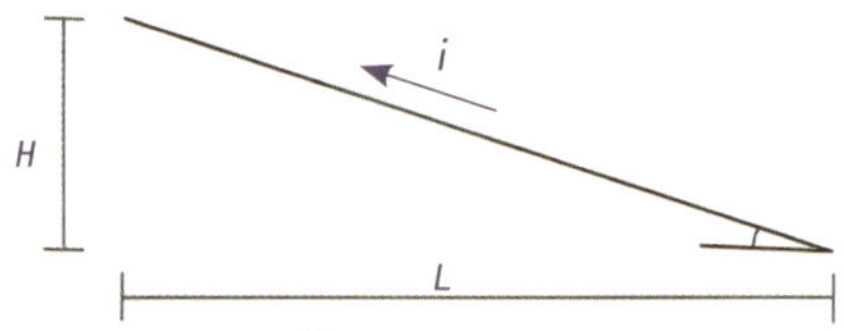

$$i=\frac{H}{L}\times 100\%$$

翻越高耸的山岭

雅西高速要翻越鹿子岗、大相岭、拖乌山、扯羊、勒不果喇吉和马鞍山等山岭。而需要翻越山岭的道路工程，常用的技术为路、桥、隧相结合，迂回布线的方式。

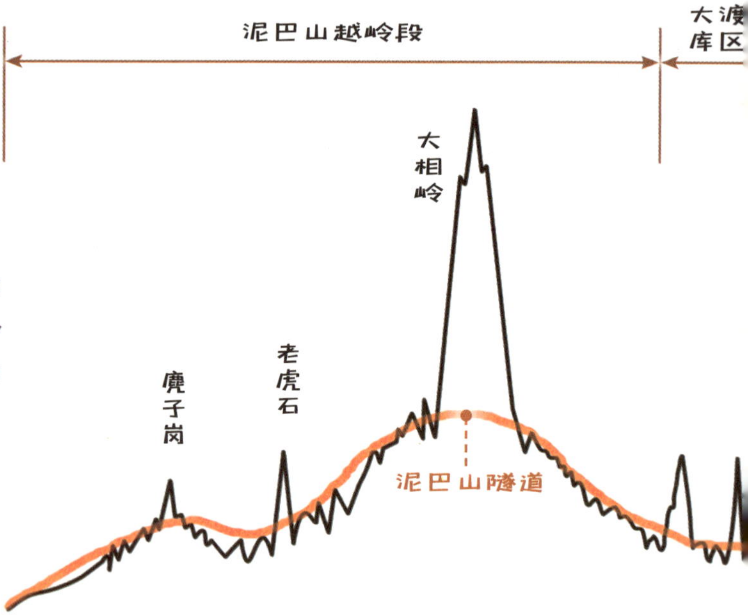

行驶在超长的坡道上，车辆的刹车片会长时间处于工作状态。尤其是大货车，其制动系统工作负荷会更大，刹车片会发热，进而导致刹车性能衰减，甚至出现刹车失灵的情况。为了避免“车毁人亡”的交通事故，雅西高速设置了网索式短距离避险车道。

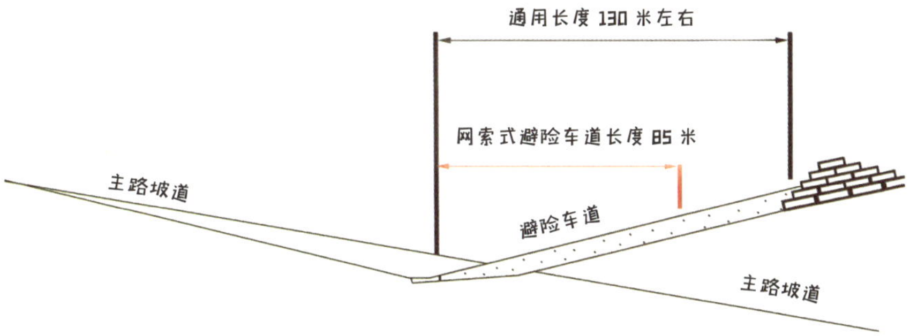

网索式避险车道

雅西高速采用了新型避险车道，即网索式短距离避险车道，减少刹车距离。

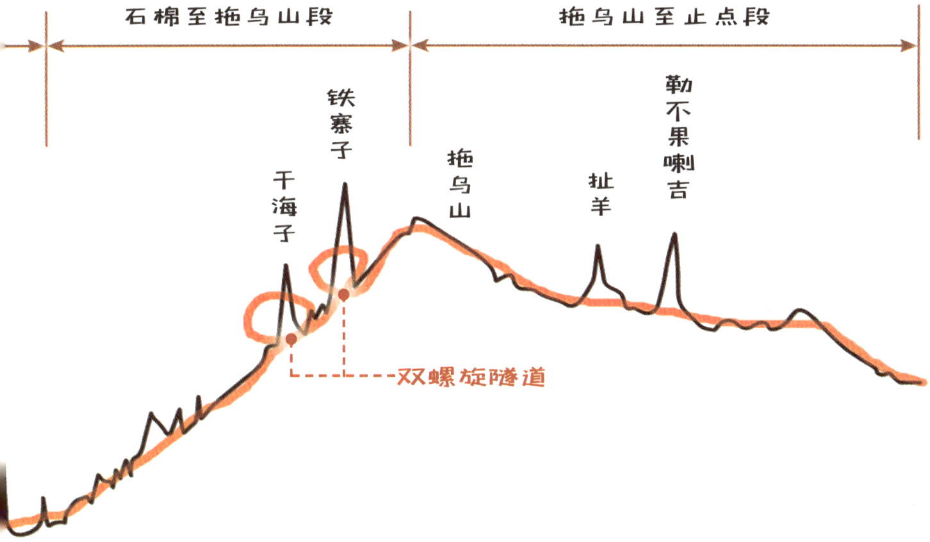

标志牌

汽车行驶在雅西高速公路，安全是非常重要的，尤其是山间会出现长下坡、多雾等情况，驾驶员提前知晓这些情况对安全驾驶有很大的帮助。通常可以通过道路两旁的交通标志牌，提醒驾驶员前方将要遇到特殊的路况，注意安全驾驶。

设置交通标志牌

下坡路段每一区段的运营安全风险是不一样的，不同的交通标志牌帮助驾驶员了解下坡何时开始、何时终止，从而达到安全驾驶的目的。

连续坡道提示

雾区诱导灯

避险车道提示

双螺旋隧道

翻越陡峭的高山

因为雅西高速附近有安宁河断裂带和鲜水河断裂带，所以施工时既要避开这两条断裂带，还要向上爬升，工程师们首创的双螺旋隧道，让雅西高速在这一段“转了两个圈”。

雅西高速的双螺旋隧道的设计和迂回曲折的盘山道有异曲同工之妙，都是用延伸长度来减缓陡峭道路的坡度。如果没有双螺旋，这一段道路纵坡很大，将变得很陡，也很不安全。双螺旋隧道的设计使这一段的纵坡不到 3%。

拖乌山的山顶是当地风雪最大的地方，海拔约 2 800 米，雅西高速双螺旋隧道的最高点海拔约为 2 500 米，下降的这 300 米有效地降低了行驶道路上的风雪，所以双螺旋隧道的设计使得行车路线变得安全多了。

当初在设计的时候，工程师们还有另一个方案：把这一段路设计成三螺旋的隧道。如果采取这个方案，虽然道路会更加平缓，但是工程的造价和增加的路程会更多，于是工程师们最终采用的是更合理、更平衡的双螺旋隧道。

双螺旋隧道示意图

隧道内“堵水”

双螺旋隧道为雅西高速公路的重点工程，是当时世界首创的小半径螺旋曲线隧道。其中铁寨子 1 号隧道左洞长 2 792 米，右洞长 2 940 米。隧道周围岩体的稳定性极差，多为散体结构或碎裂结构。隧道在无支护的情况下施工很容易造成塌方。

除此之外，隧道周围地下水十分丰富，在铁寨子 1 号隧道施工过程中，隧道内就发生过大量涌水的现象。工程师们需要先把水堵住，然后对隧道进行注浆后才能继续施工。

隧道内如何“堵水”？

先对隧道的岩石壁进行钻孔，然后用“高压风”对洞内的残渣进行清理，再用长约 5 米的钢管作为注浆管进行注浆。注浆管管壁每隔 15 厘米交错钻孔，孔的直径约 8 毫米，注浆时浆液就会通过这些交错的孔注入岩石中。最后，还要对注浆孔进行检查，如果效果不理想，则加密钻孔进行注浆，直到取得满意的效果。

钻孔

钻孔呈梅花形布置，具体可根据出水点位置不同进行调整。

注浆堵水

用细粒的混凝土或膏状的砂浆，加上可以快速凝固的化学材料，往隧道涌水所在周围的岩石或空腔区域灌注，以此来缓解涌水的情况。把集中的涌水问题控制为“分散的、流量相对较小的渗漏水”，即“限量排放”。

干海子特大桥

双螺旋的公路是隧道与桥梁的结合，连接两个隧道的桥梁就是干海子特大桥。

钢管桁架梁（干海子特大桥）

干海子特大桥于2012年4月竣工，全长1 811米，宽24.5米，采用钢管混凝土桁架桥梁和钢管混凝土格构桥墩。大桥主体结构全部采用钢纤维混凝土，这在世界桥梁建设史上也属首例。

细长的桥墩

由于地势陡峭，干海子特大桥的桥墩高度不等，桥墩中最高的达到107米。

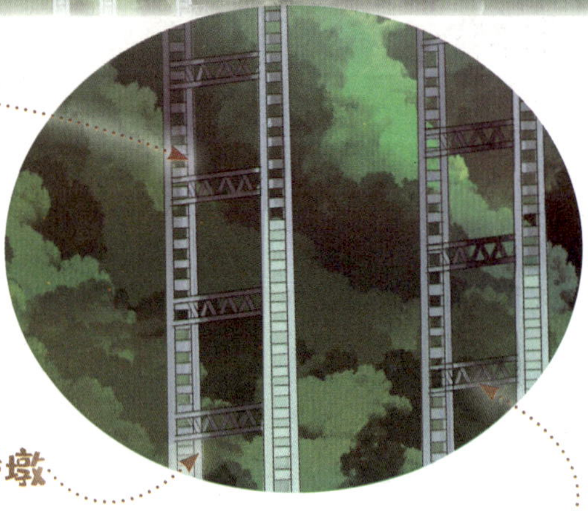

墩主肢

干海子特大桥桥墩的四根钢管（墩主肢）并不是空心的，里面被灌入了混凝土，这大大增加了桥梁的抗震性能。

干海子特大桥所采用的钢管混凝土桁架桥梁设计，使得大桥的整体重量比传统的桥梁重量减少了55%以上。这种柔性桥梁的应用当时在我国尚无先例，为我国桥梁发展做出了贡献。

混合性桥墩

桥墩的下部（钢管外面）被“糊”上了混凝土，变成了混合性桥墩，增强了桥墩的刚性。

K形支撑

当桥墩高度超过60米时，需要横向设置K形支撑。

抗 9 级地震

干海子特大桥位于海拔 2 500 米的石棉县境内，这一地区地震频发，这就对桥梁的施工工艺有极高的要求。

为了提高桥体的抗震能力，工程师们把混凝土灌入钢管来试验其承受拉力破坏的情况。试验结果显示这样大大提高了桥墩的抗震能力。因为钢的抗拉性能非常好，易弯不断，配上宁折不弯的混凝土，两者“强强联手”，使干海子特大桥的抗震设防烈度达到了 9 度。

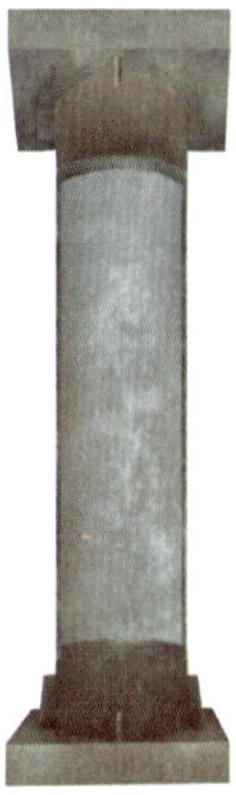

混凝土灌入钢管试验

传统的桥墩

如果采用传统混凝土结构的桥墩，桥体会十分“笨重”，当发生地震时，自身重量庞大的桥墩会很容易被毁坏。

你知道吗？

特大桥的长度

当公路桥梁的多孔跨径总长大于 1 000 米的时候，就可以称之为特大桥。

如单孔跨径大于 150 米的公路桥梁，也可以称之为特大桥。而干海子特大桥有 36 跨，全长 1 811 米，是名副其实的特大桥。

干海子特大桥工程师表示：『考虑到地震断裂带等因素，将干海子特大桥设计成了一个柔性的桥梁，双螺旋隧道也被设计得非常舒展。』

深埋的隧道

复杂的地质构造

走过雅西高速的人们会对泥巴山隧道印象深刻，这条隧道长约 10 千米，是当时世界上埋深最大的隧道，埋深最大处约 1 650 米，埋深超过 1 000 米的路段长度超过 5.1 千米。

背斜建隧道

地下的岩层曾因外力发生扭曲，岩层的走向呈天然拱形被称为背斜，其结构稳定，且不易储存地下水，便于修建隧道。

褶皱与断层

地面切割剧烈，被保凰断层和曹大坪断层等切割成上面凸起的褶皱。

泥巴山隧道所处的大相岭地区地质构造复杂、自然条件十分恶劣，其位于大渡河与青衣江的分水岭，地貌分区属于峨眉山—大相岭深切割高中山区。

你知道吗?

地质构造

地质构造是指岩层或岩体在地球的内、外应力的作用下，形成位置的移动与变形后产生的形态。具体表现为岩石的断裂、褶皱，以及其他状态的构造。

地球内力作用的主要表现形式有地壳运动、地震和地球深处岩浆活动等。地球外力作用的主要表现形式有风化作用、侵蚀作用、搬运作用、沉积作用和固结成岩作用等。在这些力的作用下，形成了山地、丘陵、平原和高原等地貌。

曾经大相岭泥巴山以“山高、路险、多弯道”而著称，想要翻越过去，天气好的时候需要3～4小时的车程，天气不好的时候甚至需要6～7小时。

如今泥巴山隧道建成后，只要10分钟就可以穿过这座山。

雅安地区常年雨量充沛，冬季气温低，海拔1 500米以上多出现积雪结冰现象，并且年平均雾日达130～220天。因此，在隧道设计与规划之初，工程师们就在泥巴山的不同高度修建了五个气象观测台，收集一年内泥巴山不同高度的气象数据，其中包括积雪厚度等。工程师们依据这些数据来设计隧道洞口的位置，同时这些数据也对日后运营中设立雨、雪、冰、雾等提示牌提供气象支持。

庞大的通风系统

修建泥巴山隧道，还有一项重要工作就是解决通风问题，因为长达 10 千米的隧道单靠两侧洞口吹进来的自然风，是远远不够的。

挖掘隧道的难题

在挖掘隧道时，施工现场会产生大量的灰尘，甚至会出现瓦斯等危险气体，如果不能尽快通风，不仅施工难以进行，还会对人员的生命安全产生威胁。

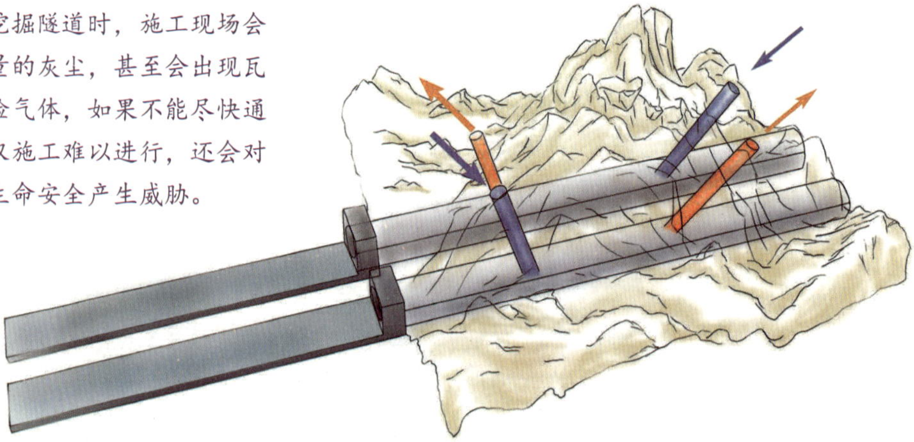

你知道吗？

危险的瓦斯

瓦斯是气体燃料的统称，特指各种可燃气体，如煤气、沼气等。其主要成分是甲烷——一种无色无味，并且易燃易爆的气体。瓦斯不仅在煤矿中常见，在隧道施工中也会出现。

泥巴山隧道修建了像“呼吸管”似的通风系统。在左右两条隧道的上方，分别修建了两条可以送风和排风的斜井。四个斜井就像呼吸管一样，让风在隧道内不断循环。其中最长的斜井长达 1 500 米。

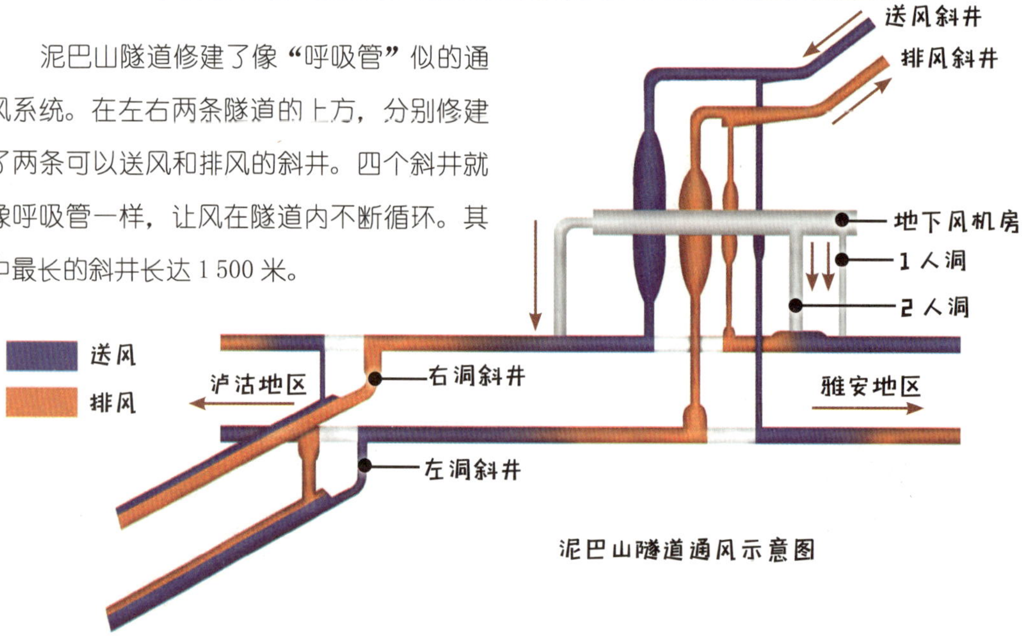

泥巴山隧道通风示意图

泥巴山隧道两端的气候迥异，雅安地区多雨雪、多雾，而泸沽地区干燥少雨、多晴天。这不禁让穿行隧道的人们感叹：“隧道两端两重天！”这样迥异的自然环境对隧道内的通风也有一定的影响。

我们都知道，由于存在压力差，空气会从高压区流向低压区，当空气流通时便会产生风。所以泥巴山隧道有效利用自然风的形成因素，在设计通风系统时，充分利用了隧道内和隧道外的空气压力差，形成了一个天然的自然风节能风道，能节约 47% 的隧道通风耗能。

北坡雅安地区：
多雨雪、多雾

南坡泸沽地区：
干燥少雨、多晴天

隧道内风速的大小直接影响通风斜井修建的规模和建成后的运营费用。风井断面越大，工程造价越高、施工难度越大，但是这样更有利于通风，且能节省建成后的运营费用，最后考虑到建设费用与建后的运营费用等因素，泥巴山隧道斜井的风速定在 14 — 15 米 / 秒，是最为合适的。

隧道内如何疏散人员

这么长的隧道，一旦发生事故或险情，尽快疏通是很关键的。泥巴山隧道是双洞单向隧道，一旦其中一个隧道内发生火灾、车祸等事故，为了能快速疏散人员，工程师们在两个平行的隧道之间设置了横通道。

两条隧道间的横通道还设有防火门，当人员疏散后，通道将会启动防火门，隔离有险情的隧道。隧道的入口还可随时关闭，当险情发生后，车辆只许出，不许进。

横通道

假如一侧隧道发生事故，被困于该侧的人员可以通过横通道来疏散到另一侧的隧道内逃生、报警。这时，单向隧道暂时变成了双向隧道。

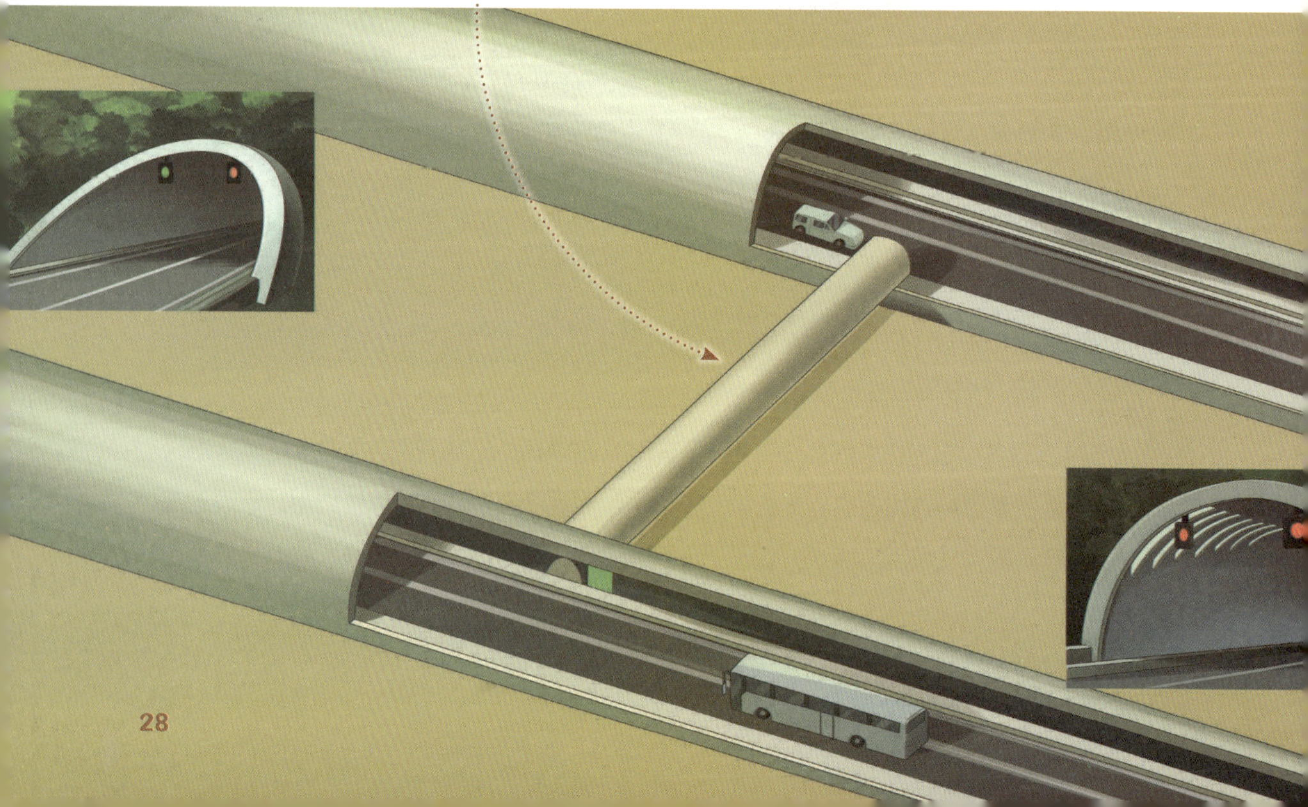

沪昆高铁之北盘江大桥段。

中铁二院工程集团有限责任公司供图

雅西高速腊八斤大桥。

70层楼高的腊八斤大桥

亚洲第一高墩

在雅西高速的荥经段，位于石滓乡的腊八斤大桥是雅西高速的又一个重难点工程。该桥于2011年底通车，桥长约1 100米，其最高的10号桥墩高达182.5米，加上大桥的连接部分和桥面，通高达到220米，接近70层楼的高度，当时被誉为“亚洲第一高墩”。

大桥所在的腊八斤沟地势险峻、沟壑纵横，地面上不仅草木茂盛，而且岩石层上的土层很厚，所以不适宜建设大跨度拱桥。

腊八斤大桥采用了钢管混凝土组合柱结构，这种形式不仅节省了将近20%的建材使用量，还提高了桥梁的抗震能力。

虽然腊八斤大桥的桥墩高而强壮，但是并不笨重，因为它是“空心”的，这样就减轻了桥墩的重量。

腊八斤大桥的抗震设防烈度达到了 9 度，这与其自身重量轻和施工工艺有关。让我们来看看腊八斤大桥具体是如何施工的。

工程师们首先面临的问题是艰难的施工环境，两边岩壁陡峭，不仅没有运送施工材料的便道，而且连修起来也很困难。

由于场地的限制，腊八斤大桥的桥墩采用一节一节安装的方式。桥墩四角各安装一根直径约 1 米、高约 12 米的钢管柱，钢管柱里面浇筑高强混凝土。

四根钢管柱外包裹上钢筋混凝土，再用钢筋混凝土板将其连接，形成一个空心的箱型。像这样，第一节桥墩建完后再修建第二节，高高的桥墩就慢慢“长高”了。大桥每两个桥墩为一组，一共 8 组 16 座桥墩。两个桥墩间再用粗钢筋交叉地绑起来。

自密实钢管混凝土

混凝土在土木工程建设中扮演着重要的角色，腊八斤大桥所在的雅西高速也不例外，因为大桥所在的地区存在多条地震断裂带，所以作为重要建筑材料的混凝土，其性能的好坏与否就显得十分重要。

雅西高速所用的混凝土比普通的混凝土性能要好。当其呈液态时流动性好，呈固态时强度高、耐久性强，并且从液态变为固态时的体积变化小，这样有利于桥梁建设，并且提高桥梁坚固的持久性。

雅西高速使用的高性能混凝土密实性非常好，其原理依托于当时的一项创新的设计理论——密实骨架堆积法，并采用高效减水剂与矿物掺和料配制。这样的方法可有效降低用水量，改善骨料与水分运动，消除内外分层现象。

自密实钢管混凝土

如图所示，确定粗骨料、细骨料、矿物掺和料的配合组成，按照一定的比例配制，其缝隙变小了，自然变得很密实。

粗骨料

细骨料

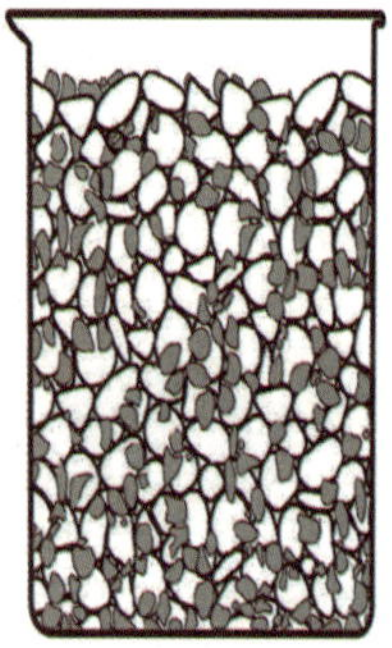

粗细骨料混合

你知道吗？

混凝土的组成

混凝土是由胶凝材料、骨料、水及其他材料按比例配制，经搅拌、黏结后而形成的。其中胶凝材料一般指的是水泥、水、石灰粉等，它们在物理、化学的作用下，能从浆体变成坚固的石状体。骨料是指在混凝土中起骨架或填充作用的粒状松散材料，一般分为粗骨料、细骨料。粗骨料有卵石、碎石等，细骨料有人工砂、天然砂等。

桥梁的抗震措施

雅西高速的桥梁，除了桥梁结构抗震设防的起点高以外，还采取了一系列的措施来增加桥梁和桥墩的牢固性，防止地震来临时桥墩和桥梁分离。如安装防震挡块、防落梁链、铅芯隔震支座等。

防震挡块

当地震发生时，梁很容易从桥墩上掉落下来，有了防震挡块则可以防止落梁现象。

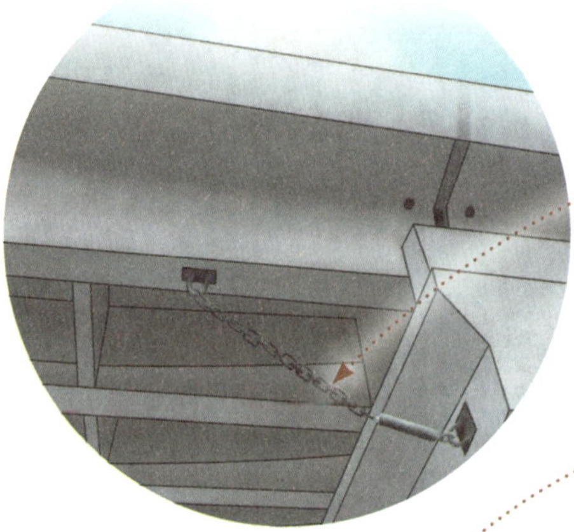

防落梁链

桥梁和墩之间安装了防落梁链，防止桥梁从桥墩上面掉下来。

铅芯隔震支座

桥的梁和墩之间安放的铅芯隔震支座就像梁和墩之间安放了一层柔软的隔震层，以此来减少地震波向上传递，使上部梁的地震反应大幅降低，从而实现“隔离”地震的效果。通常采取隔震结构的地震反应仅有非隔震结构的1/4~1/8，因而可以极大提高桥梁的抗震性能。

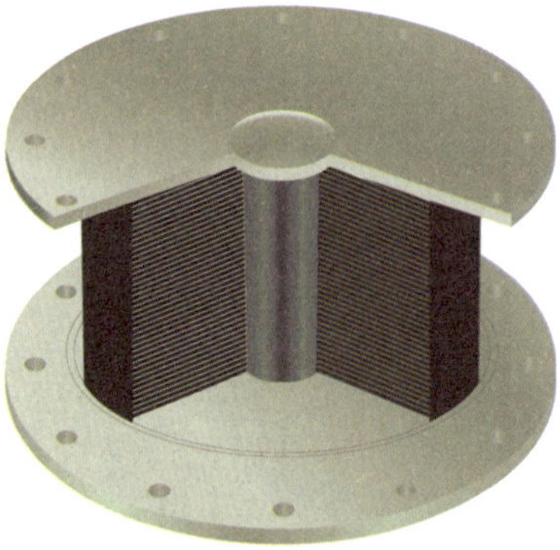

『云横秦岭家何在？雪拥蓝关马不前。』自古以来，想要穿越秦岭绝非易事。如今一座座公路隧道相连，形成世界上罕见的山体隧道群，让穿越秦岭变得那么畅快。

第二章 秦岭公路隧道群

天下大阻——秦岭 38
华夏文明的“龙脉”
南北分割线
西汉高速 40
穿越秦岭
修筑隧道
卫星遥感技术

天下大阻——秦岭

华夏文明的“龙脉”

秦岭素有“一座秦岭山，半部中国史”的说法。秦岭脚下的西安在古代称为长安，历史上先后有多个王朝在此建都，传说中秦代的阿房宫、汉代的未央宫、唐代的大明宫等，无一不证实西安古都的地位。广义上的秦岭一直向东延伸，还包含世界文化名城洛阳，这里也被认为是华夏文明的主要发源地。

而位于秦岭山脉中段的终南山是道文化发源地之一。

秦岭在古代是一道重要的军事屏障，南北双方需要翻越秦岭来完成统一天下，所以秦岭是中国历史上发生战争故事最多的山脉之一。

你知道吗？

秦岭的文化底蕴

白居易的《长恨歌》、李白的《蜀道难》，以及王维的画作《辋川图》都与秦岭相关，地理位置独特、文化底蕴深厚的秦岭，被历代才子讴歌。

南北分割线

秦岭的主峰是太白山，海拔 3 771.2 米，其高度足以抵挡来自北方的寒流。如果秦岭的高度不足 3 000 米，那中国的地理气候将会发生大改变。正因有秦岭阻挡了冷空气，才造就了四川省“天府之国”的美誉。

从地理方面说秦岭，那就不得不提到淮河。由这组山脉与河流组成的秦岭—淮河一线，才是真正意义上中国北方地区与南方地区的地理分界线。

那就让我们再来看看这对“组合”还有哪些“标签”吧！

秦岭—淮河一线：湿润与半湿润的分界线；黄河水系与长江水系的分水岭；1 月份 0℃等温线通过的地方；年降水量 800 毫米等降水量线经过的地方。

西汉高速

穿越秦岭

西汉高速是指西安至汉中的高速公路，主线全长 258.65 千米，于 2007 年 9 月建成通车。这条高速公路穿越秦岭的主山脉，挖掘隧道 136 座，其中长达 17 千米的隧道群是我国当时规模最大的隧道群。

陡峭的山脉，深沟纵横，如此复杂的地形，使得秦岭隧道群的建设成为“世界级”难度的隧道工程。

西汉高速的建成，使西安到汉中的车程缩短为 3 小时，西安到成都的车程缩短为 7 小时。

秦岭褒斜道

秦岭自古是一座难以逾越的山脉，古人翻越秦岭，从西安到成都，毫不夸张地说要几个月的时间。褒斜道就是跨越秦岭的古道，其“挂”在悬崖峭壁之中，显得十分惊险。

驴驮马拉

建设公路隧道时，大型的机械设备运不进秦岭，建设者们只能用最原始的方式，把大型机械设备拆成了小的零件，用驴驮马拉的方式，把它们运送到大山里，然后再组装。

修筑隧道

隧道的修建方法有很多，总体来说分为明挖法、暗挖法和沉管法。港珠澳大桥的海底沉管隧道的修建就采用了沉管法，而在修建山岭公路隧道时，常用暗挖法，如钻爆法。秦岭隧道的修建用的正是此种方法。

凿岩台车

凿岩台车是隧道及地下工程采用钻爆法施工的设备，俗称钻孔台车。施工时，它可移动前端凿岩机进行钻孔作业。

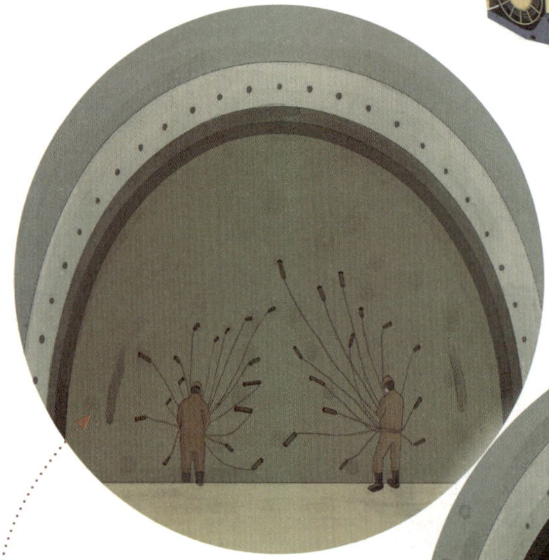

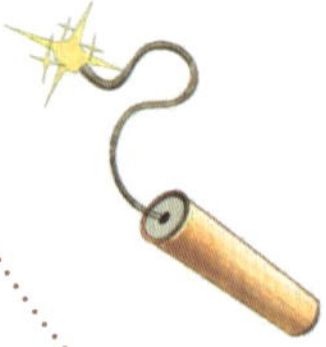

放炸药

在钻孔内放入炸药，然后人员撤退到安全的地方，点燃导火线引爆炸药。

运渣石

挖开隧道断面后，用装渣机将石块装入矿车，运出洞外，排出渣石。

锚杆

锚杆起支护作用，一端插入围岩中，将隧道的围岩加固，使得围岩支护自身。

喷锚支护

洞室开挖后，安装锚杆、钢筋网、钢支撑，高压喷射混凝土。喷锚支护可使锚杆、混凝土层和围岩形成共同作用的体系，防止岩体分离和松动。

仰拱施工

仰拱即仰着的拱，是设置在隧道底部的反向拱形结构。仰拱也需要支护，施工中需要尽快使支护结构闭合，形成封闭的筒形结构。否则，隧道容易受到土层的挤压导致变形。

围岩的自承能力

在隧道施工中，尽量减少对周围岩石的扰动，让岩石保持良好的强度，充分发挥围岩的自承能力。

卫星遥感技术

秦岭山脉的地质构造复杂，为了在秦岭的崇山峻岭之间找到修建公路的最佳路线，工程师动用了当时先进的技术——卫星遥感技术。

曾经的公路建设者们都是通过观察分析平面地形图来选择公路建设的路线走向的。这种方式有些不可避免的弊端：当遇到山峦重叠、地形线十分密集的地区时，平面地形图的表达就不够直观了，不仅位置不精确，而且辨识起来十分费力。

卫星遥感技术

如今在修建隧道群选择路线时，建设者们可运用卫星绘制三维地形地貌图。三维图不仅直观，而且还能发现山岭中的大断裂带，让路线的选择避开了容易发生大规模破碎坍塌的地方。

西汉高速公路在西涝峪处原本设计成 18 千米的超长隧道，但是通过卫星遥感技术等勘测方法发现附近有大的断裂带，所以最终将超长隧道设计改成 3 座相连的隧道群，分别叫秦岭一号隧道、秦岭二号隧道和秦岭三号隧道。

你知道吗？

抗震救灾的"生命线"

四川盆地周围群山环绕，西北靠近青藏高原，西南就是横断山脉，四周被米仓山、大巴山、大娄山、龙门山、邛崃山等山脉包围。

2008 年 5 月 12 日汶川大地震后，进川的 210 国道、108 国道、宝成铁路等交通线都因塌方而中断，成都和重庆的机场也停运，这给急需进行的震后救灾工作带来了困扰。

西汉高速在这次大地震中经受住了考验，并且成为华北、东北、华东、西北进川救灾的唯一快捷通道，为抗震救灾争取了宝贵的时间，堪称汶川大地震后抗震救灾的"生命线"！

秦岭二号隧道

秦岭终南山隧道

“世界级”的超长隧道

终南山位于秦岭山脉的中段，在古都西安的南面，秦岭终南山隧道是一条长达约 18 千米的隧道，连接了西安市和商洛市。

缩短了行程

西安市至商洛市柞水县的行车时间由 3 小时以上缩短为 40 分钟。

你知道吗？

文化底蕴深厚

终南山又名太乙山、中南山，不但自然资源丰富，还具有很深厚的文化底蕴，它不仅是我国道教圣地，而且一些典故如“寿比南山”“终南捷径”等也说的是此座山。据传说，一些历史名人如姜子牙、老子、吕洞宾、王重阳等隐居于此，给终南山披上了神秘的面纱。

流光溢彩的隧道

由于秦岭终南山隧道太长了，驾驶员要在这密闭狭长的隧道里行驶超过 15 分钟，难免会感到视觉疲劳。工程师们以人为本，把单调乏味的隧道环境打造成了色彩斑斓的景观带。通过不同颜色灯光的设置，隧道内会出现类似蓝天、白云、彩虹等幻灯图案，缓解了驾驶员驾驶途中的闭塞感。这种设置在当时的亚洲尚属首创，为后来其他隧道的建设所效仿。

灯光景观带

在秦岭终南山隧道中，每隔 4.5 千米就会设置一条长 150 米的灯光景观带。

你知道吗？

色彩斑斓的隧道

雅康高速二郎山隧道，全长 4 176 米，也是借鉴了终南山隧道的景观带设计方法，把隧道内“装点”得特别漂亮。

隧道的“肺”

隧道是一个狭长而密闭的空间，其内部温差小、湿度大，空气不易流通。隧道内如果没有通风系统的话，当人员进入隧道时，就会感觉氧气不足，喘不过气来。

此外，车辆排出来大量的尾气，会在隧道内积压，这不仅影响隧道内通行人员的健康，还增加安全隐患。所以无论是施工过程中还是投入使用后的隧道，良好的通风系统就显得尤为重要。让我们来看看秦岭终南山隧道是如何做到“畅快呼吸”的。

隧道的通风系统

为了保证隧道内的空气流通，秦岭终南山隧道里设置了一套通风系统，把外面的空气输送到隧道里，满足人体对氧气的需求。

庞大的竖井

秦岭终南山隧道内建有非常庞大的竖井，井深661米，相当于220层楼房的高度，直径达11.5米。无论是竖井的规模程度，还是竖井的深度，在当时都排在了世界的前列。

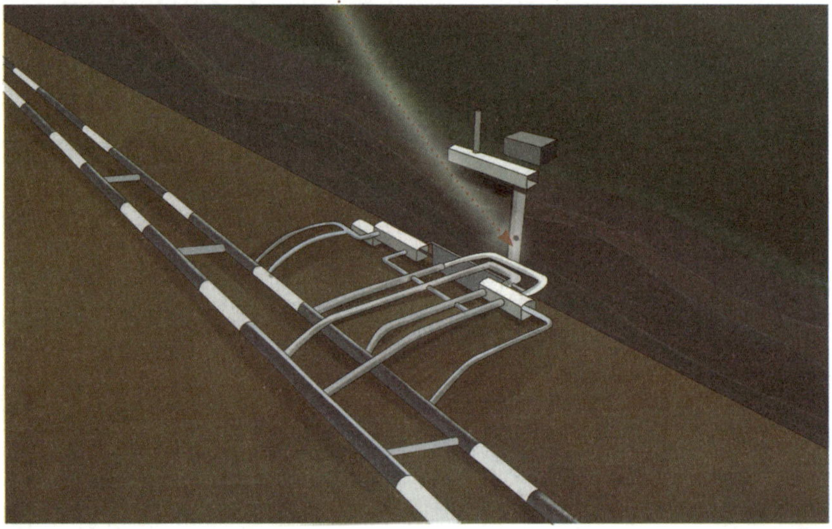

你知道吗？

多项创新的工程

秦岭终南山隧道通风竖井是目前世界上口径最大、深度最深的竖井通风工程，被称为“地球最大的烟囱”。

正是由于工程师们敢于创新，采用先进的设计理念和施工技术，秦岭终南山隧道的建设工程包括通风竖井在内的多种项目才获得了包括中国第十二届土木工程詹天佑奖、中国公路学会科学技术奖特等奖、国家科技进步奖一等奖、陕西省科学技术奖一等奖等众多奖项。

险情突发不要怕

比起外面明亮的天空，隧道内光线相对昏暗，如果警车进入隧道内进行事故处理，由于没有足够的光线，而仅仅采用传统的防撞箱、拉警戒线等措施，显然很难让后方来的车辆看得清楚。所以秦岭终南山隧道首次应用了“防闯入预警系统”，它不仅可以用声光来提醒隧道内的人员，还可以让后方车辆中的驾驶员有足够的时间来减速或采取紧急避让措施。

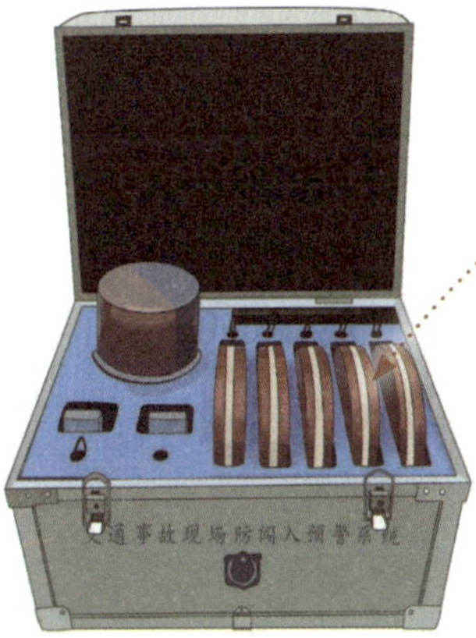

防闯入预警系统

在隧道内的事故现场，把带有爆闪灯的传感器套上防爆桶，拉开一个警戒线，这时有隧道外的车辆高速驶入，传感器会“发现”并传给执法人员随身携带的接收器而拉响警报，这样现场人员会提前避让到安全地带。

隧道内还有一种安全隐患需要注意，那就是配电设备，它们不间断地为隧道内的照明、监控和消防等提供电力供应，但是长期不间断地运行，线路老化，容易引起电气火灾。

秦岭终南山隧道内共有高压箱式配电柜（箱变）10 多座，为了确保箱内的供电设备安全运转，隧道的技术人员首创自动灭火装置。

自动灭火装置

该装置不需要接入电源，火灾发生时能灵敏地释放氮气、二氧化碳、气溶胶颗粒等，可有效控制初期电气火灾。

配电柜气体自动灭火装置

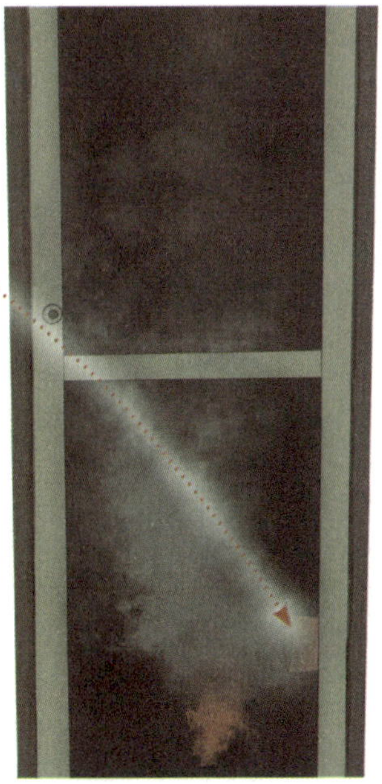

秦岭终南山隧道的总设计师曾表示：『最早做出的方案为6.3千米，后来，考虑到秦岭冬天大雪封山的影响，隧道又延长到8千米、11千米、13千米，最后，破天荒地定在了18.02千米的长度上。』

51

高标准的宝坪高速

“世界级”隧道群

2021 年 9 月，又一条公路穿越秦岭山脉，它就是宝鸡市至凤县坪坎镇的宝坪高速。

宝坪高速主线全长约 73 千米，桥隧占比（公路、铁路建设中，桥梁和隧道占总里程的比例）72%，其中为全线控制性工程的秦岭天台山隧道群总长 32 千米，桥隧占比高达 98.1%。秦岭天台山隧道群由 10 个大小隧道组成，包含长度为 15.56 千米的秦岭天台山特长隧道。和修建一条隧道的难度相比，建设一群大规模的隧道，在世界上都是少有的。开山、辟路、修便道，其艰难程度可想而知！

宝坪高速秦岭天台山特长隧道施工现场

复杂的地质条件

由于秦岭天台山隧道群穿越多条地质断层带，除了地层岩体破碎外，地下高压富水区也会导致施工中经常出现岩爆、突涌水等险情。

“串糖葫芦”

穿越秦岭最艰难区段时，秦岭天台山隧道群的施工好像“串糖葫芦”一样，把一座座山峰依次串起来，采用长隧短打、多个隧道同时施工的方法。

大型机械进场

开挖隧道的工具设备很重要，相比十几年前，在修建宝坪高速的秦岭天台山隧道群时，用到的装备都很先进，有些更是自动化、智能化的创新装备，大大提高了施工的效率。

隧道洞室开挖后需要高压喷射混凝土，以前大多都是人工喷射，但是喷射过程中会有粉尘，洞内的作业环境也不是很好。如今，洞室内施工有了湿喷机械手等大型机械，喷射的混凝土不仅附着力相对较好，而且也十分的密实。更重要的是能够有效地降低粉尘污染的扩散，改善了施工环境。

湿喷机械手

隧道施工项目投入湿喷机械手等施工设施，不仅改变了传统干喷或潮喷的施工工艺，还提高了喷射混凝土的施工质量。

为了防止建好的隧道内漏水，工程师们会在隧道内壁铺设防水板。但是圆滑的隧道壁不是很容易操作，于是工程师们研发出一台防水板自动挂设台车，以此来提高防水板的铺设效率与质量。

隧道施工项目还采用了防水板超声波自动爬焊和微波磁焊接技术。这些新技术的应用都提升了隧道衬砌的防水效果。

防水板自动挂设台车

台车上有可以横移、升降的平台，工人站在上面可以移到边墙和升至拱部。

防水板

微波磁焊

通过微波感应使金属变热，金属热量达到一定程度的时候会使防水板熔化，同时施加压力，实现防水板的焊接。

超声波爬焊

手持式超声波爬焊机通过超声波发生器将50赫电流转换成20千赫高压电能，再将电能通过超声波换能器转变成为超声能，该能量通过焊头垂直传导到防水板上，以每秒上万次的超声频率及一定的振幅使防水板的接合面剧烈摩擦后熔化。

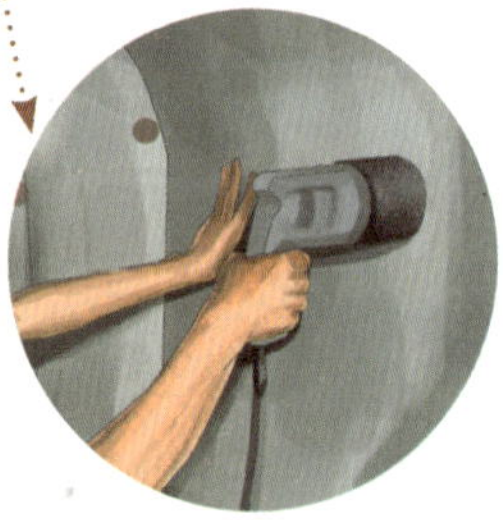

你知道吗？

安全帽的秘密

因为隧道建设者们所戴的安全帽里安装了芯片，所以他们在隧道内的位置就可以被识别。另外，隧道的出口、台车区、掌子面等地方还安装了信号收发基站，基站将建设者们所在的地理位置信息传输到信息化室，统一的调度和管理有利于隧道的施工安全。

绿色环保施工

宝坪高速的建设者们并没有因为工程远离城市而松懈对周围环境的保护，相反，为了保护青山绿水，建设者们在施工中采用了很多环保措施。

说到施工现场，工地上“尘土飞扬”是我们固有的印象。但是宝坪高速的建设者们从细节出发，在运输物料的便道上就坚持采用洒水降尘，即使是在远离城市的深山里，也要尽量做到保护空气质量、不影响环境。除了洒水降尘，那些施工中难免产生的污水、废水也不会直接排入大自然，而是经过处理后才能排放。

洒水降尘

虽然开挖隧道时会用到爆破等手段，但建设者们也尽量错开时间，避免在居民休息的时间段产生较大的噪声。

绿化环境

宝坪高速公路的建设者们每修建一段后，就会在路基两边植草、种树，这样可以快速实现生态修复。

有这么一条过江隧道，将长江两岸的南京市连为一体，直接缓解了修建于1960年的南京长江大桥的交通压力。这条隧道就是南京定淮门长江隧道。

第三章 南京定淮门长江隧道

险处刀具坏
强大的水压
精密的生命保障系统
“千里眼”保驾护航
7倍标准大气压下的战役 68
北
南
制造冻土
管片封住长江水
破洞而出 74

下穿长江底

双管双层八车道

滚滚长江水流过，把古都南京分为江南、江北，自古便是天险的长江让繁忙的都市交通压力很大。为了缓解交通压力，在南京长江大桥上游 5 千米的地方，工程师们建造了一个可以穿过长江江底的隧道——南京定淮门长江隧道。

该隧道于 2010 年 5 月开工，在建造时被认为是世界同类型隧道建设规模最大、长度最长、地质最复杂、埋深最深的隧道。最深的一段达到长江水面以下约 70 米，建设难度非常大。

你知道吗？

名称的秘密

南京定淮门长江隧道还有另外的名字，分别叫扬子江隧道和南京纬三路过江通道。

为什么要改名字呢？因为之前的两个名字并不是按照地理方位起名的，它与其他的几座南京过江大桥和隧道一样，不仅排序被打乱，而且指位也不清，十分不符合人们的思维习惯。所以，2019 年这些南京“大桥和隧道”有了新的名字。

隧道纵剖面示意图

南京定淮门长江隧道为双管双层八车道。何为双管？就是这个工程有两条隧道，其中南隧道长 7.3 千米，北隧道长为 7 千米。

南北两条隧道都是双层的，上层公路的通行方向从江北通往江南，下层公路的通行方向从江南通往江北，这样可以使两条隧道都能独立地承担起江南和江北的双向交通。

双层公路

每条隧道都是“双层四车道”的结构，隧道里的公路分为上下两层，每层是两车道。

双向隧道

如果一条隧道内发生堵车或者突发情况需要关闭隧道时，另一条隧道仍然能保障江南和江北双向车流的正常通行。

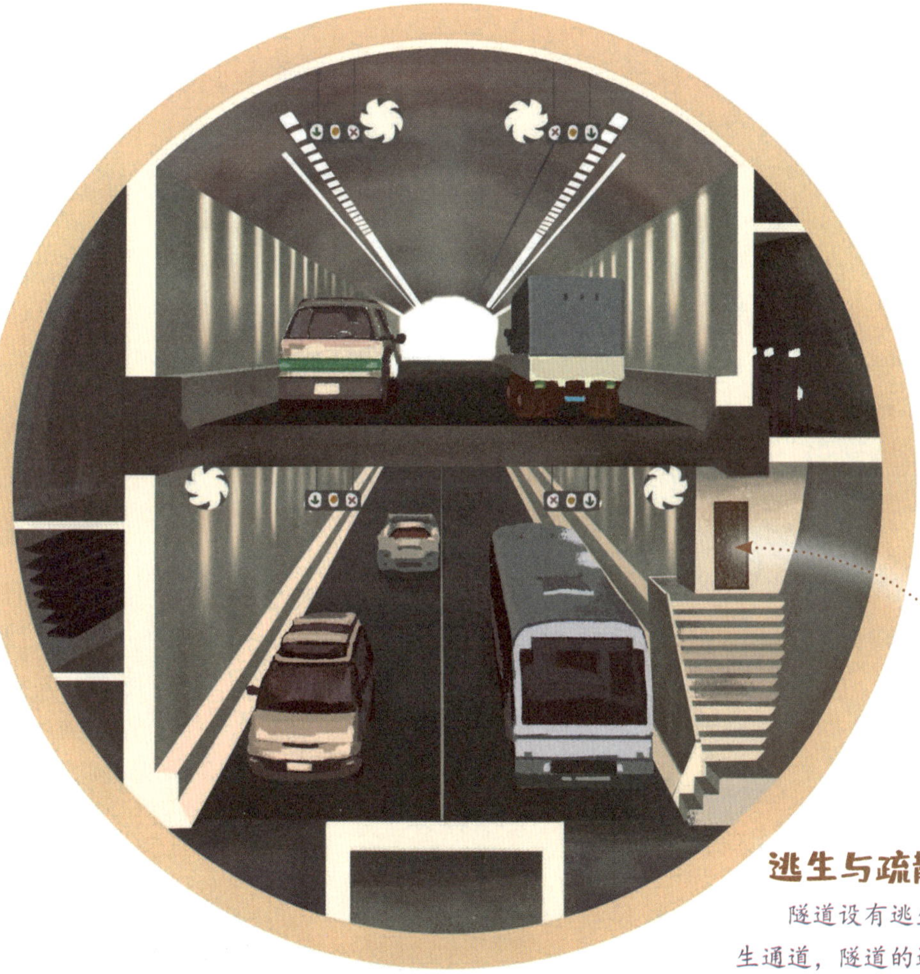

隧道横剖面示意图

逃生与疏散通道

隧道设有逃生楼梯和逃生通道，隧道的逃生与疏散通道位于车道下方。

钢铁蚯蚓——盾构机

传统挖掘隧道的方法多为钻爆法，而在长江底松软的泥土中，使用钻爆法是难以实现的。

南京定淮门长江隧道又长又深，当时工程师们是用了什么“盖世神功”让隧道深埋江底呢？这个秘密在于工程师们使用的工具——盾构机。

盾构机被称为钢铁蚯蚓，它可是个庞然大物，挖掘南京定淮门长江隧道所用到的盾构机，其刀盘直径为 14.93 米，能有五层楼那么高，而盾构机的机身长达 132 米，总重达 5 000 吨，是不是又长又重！

吃土的钢铁蚯蚓

盾构机可以“钻”到地下挖掘隧道，它们就像蚯蚓似的，把前面的泥土挖掘下来，“吃”到自己肚子里，并排出体外。

如此的庞然大物，可是我国自主研发的第一台超大直径盾构机，它由数百位工程师历时约一年的时间设计建造出来，开创了诸多先河：创造性地使用可推出式滚刀，延长了掘进距离；使用超大型掘进机专用的管片起重搬运系统、口子件起重系统、泥水管吊运系统等。

盾构机是分模块制造的，各模块制造出来后，还需要把它们组装起来。把这条钢铁蚯蚓组装起来也不是一件容易的事情，它由几十万个零件组成，组装时对零件精度要求极高，误差要控制在 2 毫米内。

你知道吗？

盾构法隧道

1825 年，麦克·布鲁内尔在伦敦泰晤士河下修建了世界上第一条盾构式隧道，其断面高约 6.8 米。190 年后，中交集团（中国交通建设集团有限公司）在长江底，用直径 14.93 米的中国自主研发制造的盾构机，挖出了“世界级”的过江隧道。

难以预控的情况

江底复杂的地质结构

南京定淮门长江隧道的建设工程之所以很难，是因为隧道周围的地质环境很复杂。

我们都知道，在我们脚下是土层，土层的下方，就是岩石层。岩石层一听不就是石头吗？但是你有所不知，土层和岩石层的种类与坚硬程度是各不相同的，有的十分坚硬，有的十分耐磨，而有的又十分黏。像南京定淮门长江隧道周围汇聚了种类繁多的岩石、黏土，并且这些岩石大都是十分坚硬和耐磨的。坚硬、耐磨的岩石对刀具极具挑战，十分黏的黏土也容易糊在刀盘上。

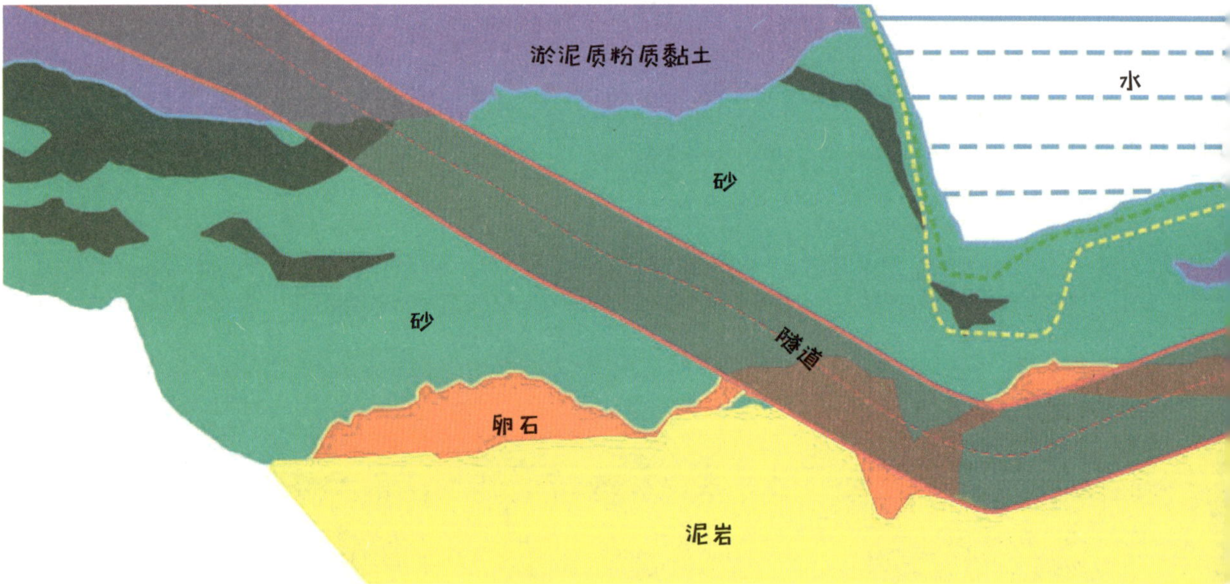

南京定淮门长江隧道
南线周围的岩层示意图

你知道吗？

几种岩石的硬度和耐磨性

泥岩：泥岩是强固结的岩石，硬度非常强。

粉砂岩：粉砂岩是沉积岩的一种，具有较强的耐磨性。

卵石：卵石是一种较大的岩石颗粒，其硬度与耐磨性都非常强。

被卡住的刀盘

在修建隧道的过程中，工程师们遇到了很多棘手的问题，比如，盾构机及刀盘被卡住了！刚开始挖掘的时候，工程师们没想到刀盘能被江底的孤石和碎木卡住。经过调查了解到，这些孤石和碎木并不是自然形成的，而是很多年前人们为了防御水患而抛入江底的，单个的孤石和碎木很难在前期被勘探出来。后来，工程师们在国内首次采用了饱和带压开舱技术，停机开舱更换刀盘后，在江底修建隧道的效率便大大提高了。

孤石与碎木

这些是从盾构机刀盘上取下的杂物，有各种各样的碎木和石头等。

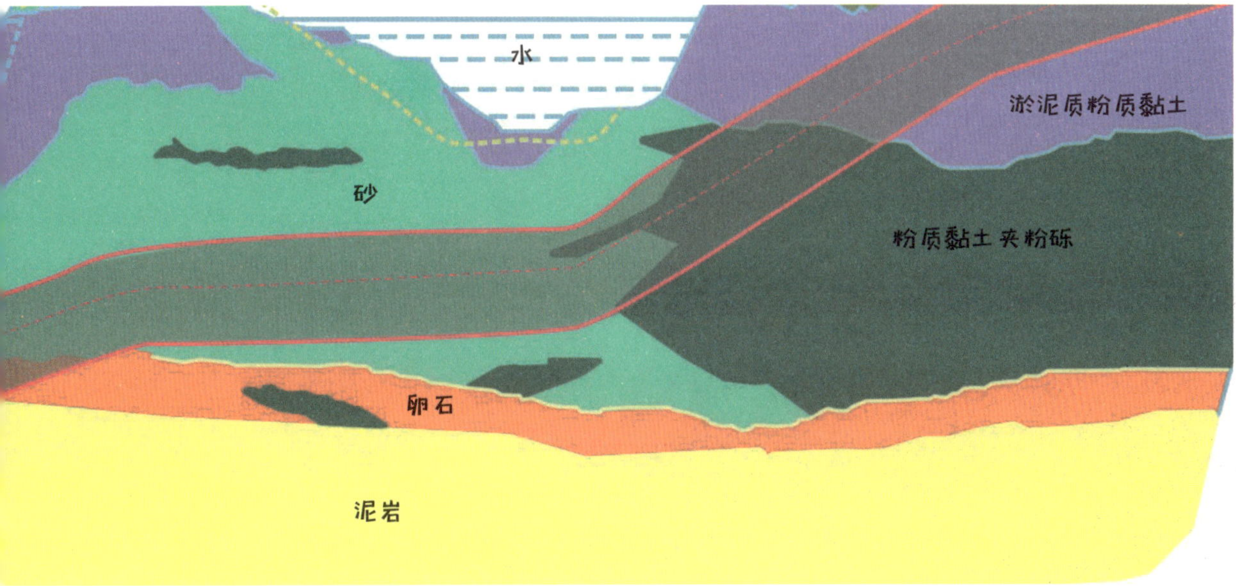

你知道吗？

如何沿江底“补漏”

在长江江底挖掘隧道时，江面如出现了巨大的漩涡，在江面巡视的工作人员会立刻意识到可能是盾构机击穿了江底，把长江底弄“漏”了。

由于盾构机的管片和刀盘都是密封的，所以即使长江底漏了个洞，也不会导致江水倒灌进隧道内。

工程师们迅速行动，调来沙袋把长江底的漏洞补上后，盾构机就可以继续前进了。

隧道施工的总负责人曾表示：『这个工程，应该是我这一生中最珍贵的，有些挑战在世界上就没有先例。』

7 倍标准大气压下的战役

险处刀具坏

在南京定淮门长江隧道的掘进过程中，遇到一段长达 500 多米的岩层。要知道，高硬度的岩石就像磨刀石，将对盾构机前端的刀具产生巨大的磨损。

在刀盘上的滚刀，是最先接触到岩层的刀具，当滚刀接触到岩层的瞬间，产生了大量的火花，伴随着火花的产生，有的滚刀瞬间崩坏，有的滚刀被磨掉了一大块。滚刀全都损坏了，致使盾构机不能向前推进。

在深深的长江底挖掘隧道，盾构机是只能向前掘进而不能后退的，这可谓是一处危险的地方，所以必须想办法把损坏的刀具换掉，让盾构机继续掘进。

但是在当时更换刀具可不是一件容易的事情，因为需要有人到盾构机前面更换刀具，但是盾构机前面的大气压强非常大，相当于 7 倍标准大气压强。

盾构机刀盘

刀盘是工程师们根据隧道复杂的江底地质设计制造的，配置了切削刀、滚刀等各类刀具共 717 把，其中红色的叫滚刀，相当于我们人的牙齿。

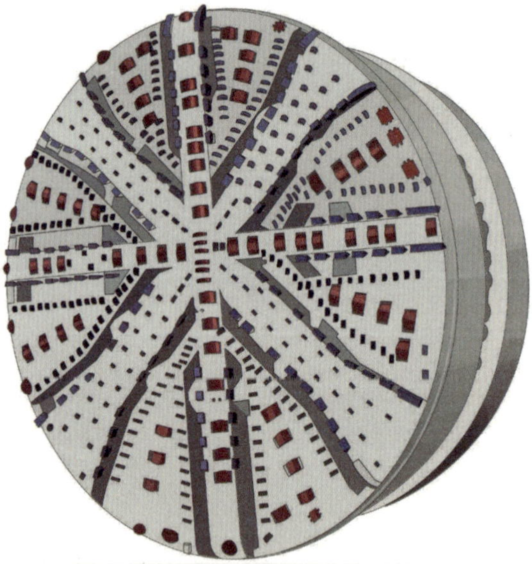

你知道吗？

滚刀

滚刀的生产制造涉及多种科学，其中包括材料学。材料学是研究材料组成、结构、工艺、性质和使用性能之间相互关系的学科，为材料设计、制造、工艺优化和合理使用提供科学依据。

强大的水压

生活在大气层底部，无时无刻不承受着空气带来的压力，但是人们已经习惯了在标准大气压强（在标准大气条件下海平面的气压）下生活。而南京定淮门长江隧道建设在距离江面 70 米深的江底，由于 70 米的水深产生的压强是长江水面大气压强的 7 倍，相当于人在 7 倍标准大气压作用下工作，而普通人一般只能承受住 2 倍标准大气压强。7×10^{5} 帕，是这条隧道在建时遇到的最高水压，也是当时全世界水底隧道工程中遇到的最高水压。

即便是拥有丰富潜水经验的潜水员，强大的水压也会使他们像喝醉了一样，坐在那儿不能动，根本没法工作。所以工程师们必须想出一个办法，解决强大水压下更换刀具的问题。

你知道吗？

水压与大气压

水压指水的压强。用容器盛水时，由于水受到重力的作用，就相当于有那么多重量的压力向容器的壁及底面作用。盛在容器中的水，对侧面及底面都有压力作用，压力总是垂直于接触面。液体深度相同时，压强也相同；液体越深，则压强也越大。

将一个玻璃杯盛满水后盖上一张卡纸倒过来，神奇的一幕出现了，卡纸被“吸”在了玻璃杯口。这是因为杯子里的水对卡纸的压力小于空气中大气压强对卡纸的压力，所以卡纸被“吸”在了玻璃杯口。

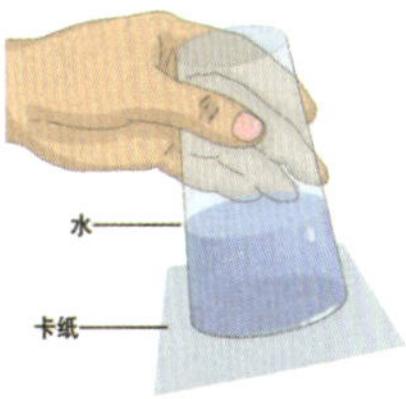

精密的生命保障系统

前面说到施工人员需要在承受 7 倍标准大气压的环境下更换损坏的刀具，为了能让施工人员高效地在 70 米深的江底工作，工程师们研究出了饱和带压开舱技术，即在地面设置了一套由生活舱、控制室、气站等设备组成的生命保障系统。

这套能够保障工程师们生命安全的系统，自开舱之日起，舱内只经历一次加压过程。其工作方式简单来说就是在生活舱、穿梭舱和工作舱内轮转。这项工程在当时是前所未有的创举。

生活舱

参与每一轮次换刀工作的工程师们，这期间的吃饭、休息、洗漱等活动都要在密闭的生活舱内完成。

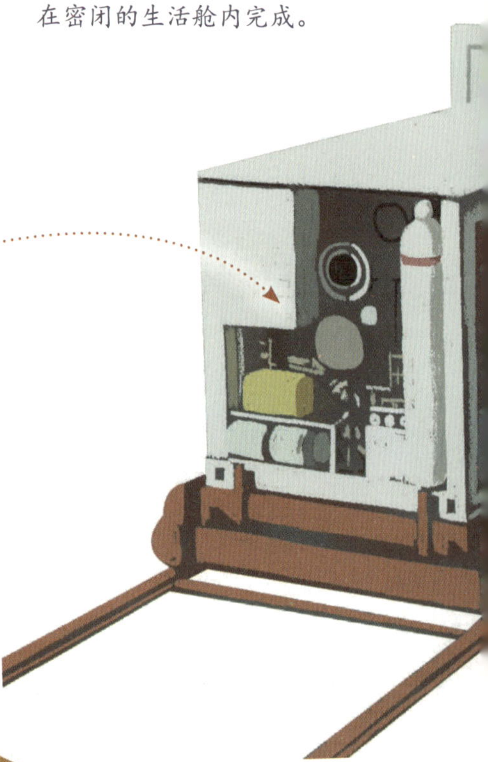

穿梭舱

当工程师们要下到江底工作时，他们要从生活舱转移到同为 7 倍标准大气压的穿梭舱内。生活舱与穿梭舱对接时的密封性非常好，以保证工程师们的生命安全。

运送穿梭舱到盾构机前端

为了防止舱内失压，所以在穿梭舱的运输过程中必须保持匀速、平稳，这样才能保障工程师们和舱体内精密仪器的安全。

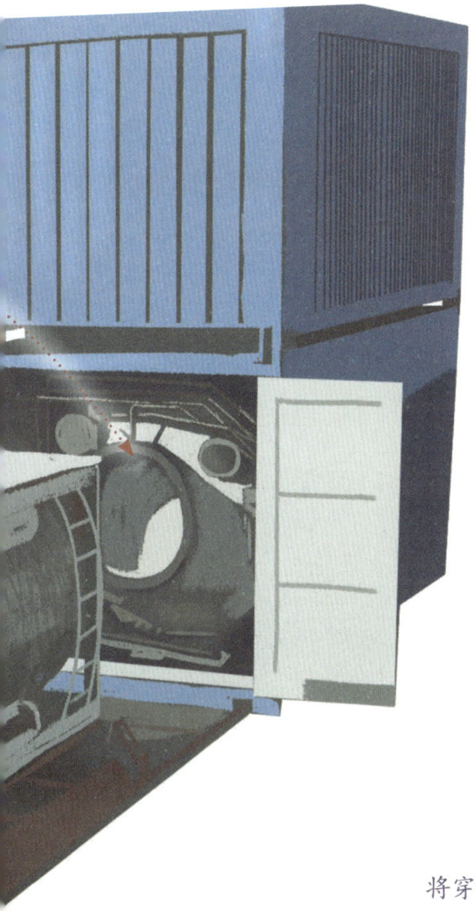

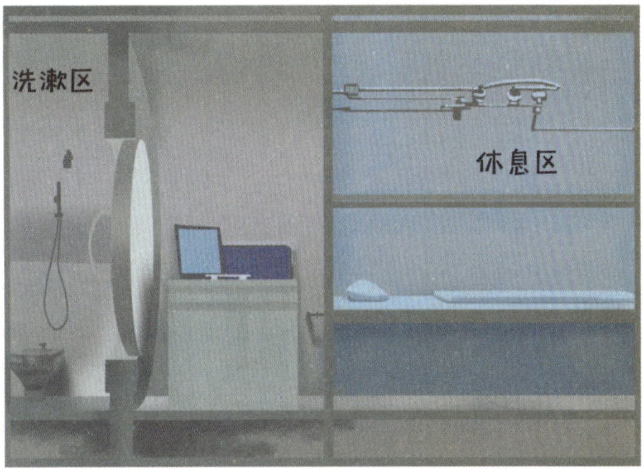

生活舱结构图

工作舱

当穿梭舱到达江底后，由系统通过管片机将穿梭舱运送到盾构机的前端与工作舱对接后，工程师们就可以进入工作舱开始更换刀盘了。

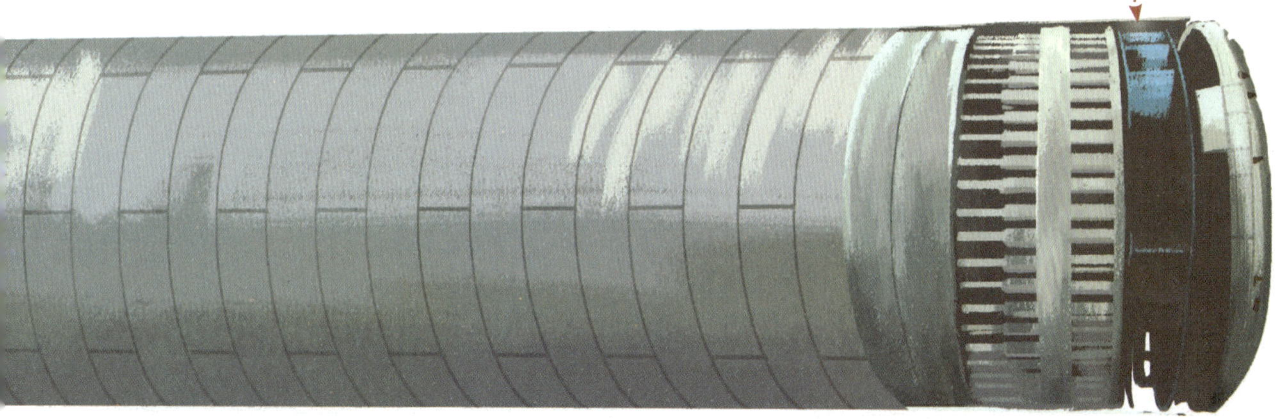

每工作满 4 小时后，在江底作业的工程师们再次进入穿梭舱，然后再到生活舱休息。如此循环、轮转，直到这一轮次更换刀具的工作全部结束后进行一次减压，待身体各项指标都符合标准后就可以离开了。

“千里眼”保驾护航

这条隧道的出口是一开始就确定好的，地下的盾构机必须在这个预留的出口准确地钻出来。长达 132 米的盾构机只能前行，不能后退，挖掘线路一旦发生偏差或者错误，不仅会严重影响工期，而且造成的损失更是难以计算。

盾构机为什么能够在江底黑暗的环境中随地势起伏精准前行呢？这是因为有着一种特殊的技术——工程精测，精准的测量对于这条隧道的挖掘十分重要。

整个隧道施工测量的精度需要精准到毫米级别，为了减小施工时可能产生的误差，高级测量工程师在测量方案中做了三重保险。

第一重保险是布置了双导线，后面又分别在隧道掘进了 1/3 和 2/3 的地方用陀螺仪加测了陀螺边，用来检查导线的精度是否正确。

第二重保险是在长江的中心梅子洲岛上确定坐标，再把坐标通过岛上的竖井定到隧道的洞底，来检查盾构机从进口到竖井的线路精准与否。

第三重保险是再次测量梅子洲岛上的这个坐标是否正确，以此来保障盾构机掘进线路的精准度。

你知道吗？

影响测量精度的因素

第一，隧道挖掘断面越大，隧道内受侧压压力越大，隧道越容易变形。隧道一旦变形，精测工作的控制点就越容易引起移位。第二，长江的两岸受潮汐的影响，精测控制点是会随时上浮或者下沉的。这两点是影响测量精度最大的因素。

破洞而出

制造冻土

工程掘进到最后一段，由于担心盾构机最后破洞而出时会把长江水“带”出来，工程师们想出的办法是在出口的位置用冷冻机将洞口向里 2 米的土层冻住，形成一堵坚固的冻土墙。因为最后施工地的位置，距离附近房屋最近的地方仅有 8 米，如果控制不好让地下水涌出来的话就很容易造成地面下沉，一旦地面下沉，房屋就有可能倒塌。为了周围居民的安全，必须把水堵得好好的。

工程师们在洞口放置巨型冷冻设备，再插入 128 根长达 33 米的冷冻管，里面注入冷盐水。该设备利用氟利昂降低盐水的温度，再把冷盐水注入冷冻管，使之进入土层不断循环，将土层中的热量带出，给土层“降温”。

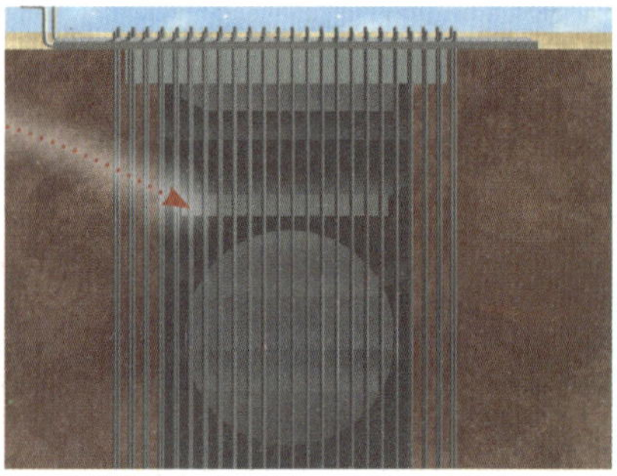

阻水门

这个巨型冷冻机循环制冷，原理等同于电冰箱，将土冻结后形成巨大的阻水门。

冻土层

冻土层有降低长江水对井口的压力和稳定地面的作用。

管片封住长江水

工程最后的掘进工作正在紧张进行，努力了多年，成败在此一举。在盾构机前端的管片拼装机，正在进行着整条隧道 20 700 块管片中最后几片的拼装任务。盾构机每前进一段，就要在隧洞壁安装管片。每块管片的重量达 15 吨，管片经盾构机系统送到最前端拼装成隧道的内壁，起到隧道的支撑和防水作用。

管片拼装过程中应及时打紧管片连接螺栓，当盾构机脱出盾尾后，操作员们要对管片连接螺栓进行二次紧固以确保隧道的密封性，封住长江水。

你知道吗？

盾构机顺利破洞而出

隧道出口的位置，离长江只有 300 多米，这时地下水的水位和长江的水位是一样的，而且周围都是强透水的沙层和淤泥层。7 月是南京的雨季，就在盾构机即将要贯通隧道时，南京持续不断地下雨，长江水位持续升高，隧道出口的接收井口受到的压力也在不断增加。将洞口附近的土层冻结起来，长江水对接收井口的压力将降到最低，这样，盾构机就可以顺利破洞而出。

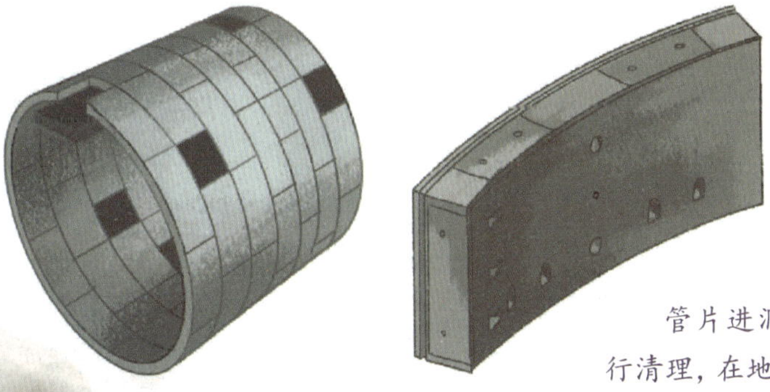

管片拼装

管片进洞拼装前，工人们对管片进行清理，在地面上按拼装顺序排列堆放，并按规定粘贴防水材料及橡胶传力衬垫。检查合格后，再用吊机装入管片车，由编组列车运送至工作面。

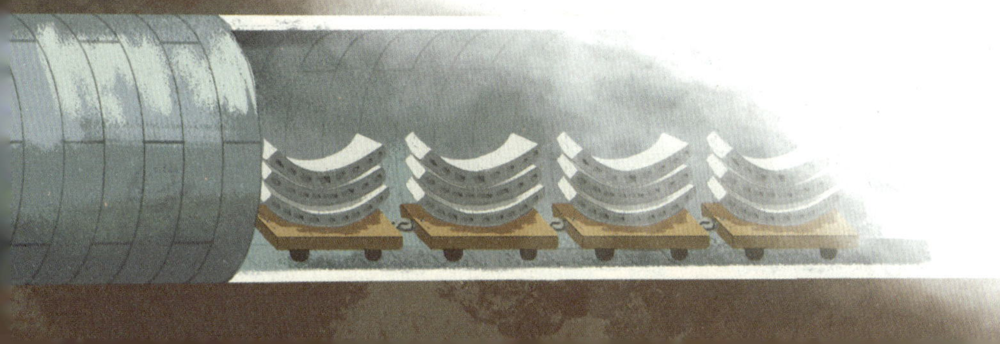

中国高速铁路跨越河流，穿过隧道，在崇山峻岭间穿梭奔驰。这绝不是一朝一夕可以铸就的伟绩，而是一代又一代中国铁路人不懈奋斗的史诗。

第四章　沪昆高速铁路

逢山开路 88

- 钻山的高铁
- 土层勘探
- 野外溶洞“大探险”
- 隧道“引排泄水”

路通六地

横贯东西

沪昆高速铁路，又名沪昆高铁，东起上海虹桥站，西至昆明南站，途经上海市、浙江省、江西省、湖南省、贵州省、云南省等地区，连接华东、华中、西南地区，贯通长三角、长江中游、黔中、滇中等城市群。线路全长 2264 千米，建成时是中国东西向线路里程最长、速度等级最高、途经省级行政区最多的高速铁路。

从上海乘高铁前往昆明，最快约 11 小时，比原有的铁路节省约 28 小时。

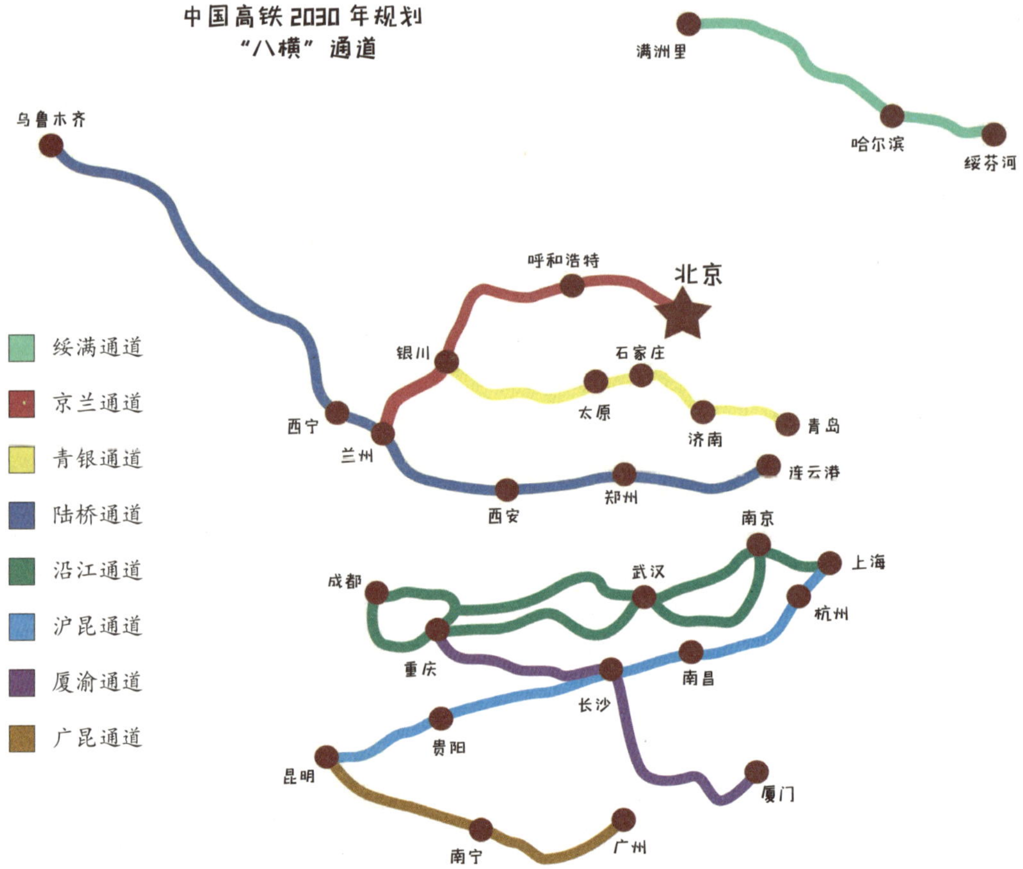

“八纵八横”的“网”

沪昆高铁是国家《中长期铁路网规划》中“八纵八横”高速铁路主通道之一。

“八纵八横”高铁网如同“血管”一样，高铁延伸到哪里，带动着经济的新鲜血液就输送到哪里。

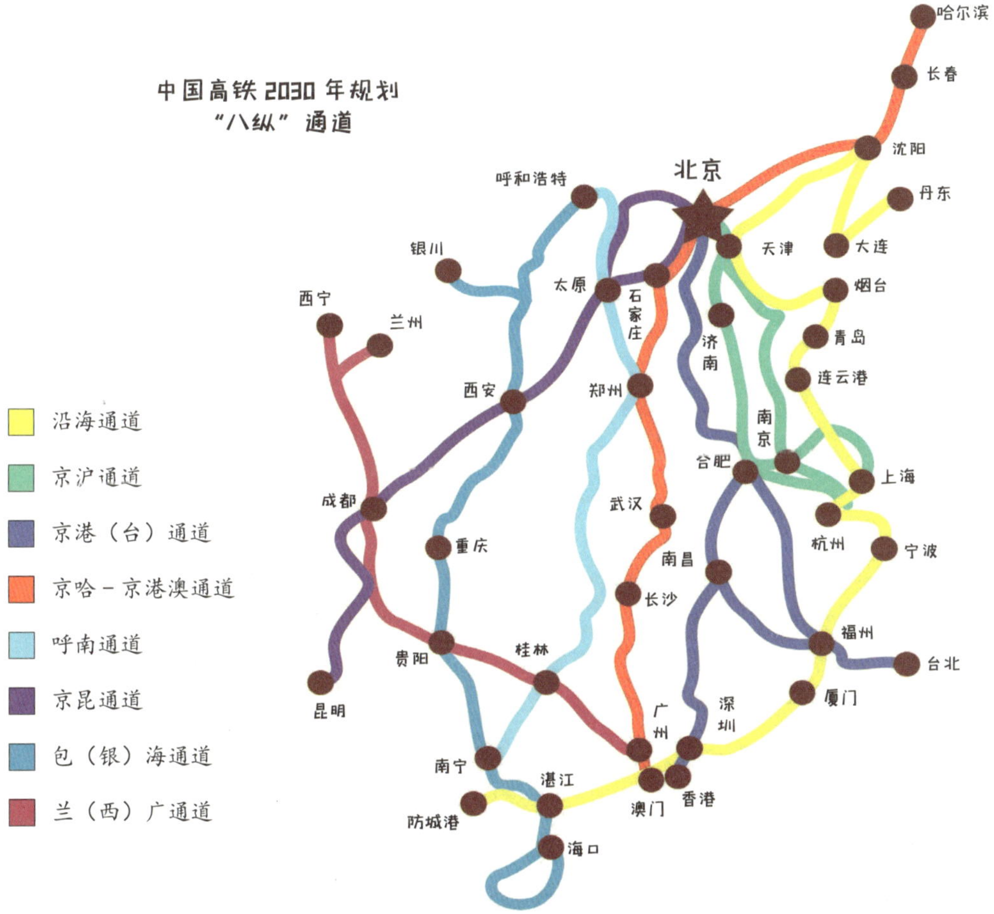

遇壑架桥

桥上“飞”高铁

穿越大山、跨越河流，还要顾及沿线城市分布，高速铁路建设者们正是在如此复杂的地质环境下施工。为了保证高铁“飞”得稳，建设者们决定，一旦高铁要穿越大山和河流时，那就必须架设一座又一座坚固的桥来保证行驶的平稳度。在沟壑纵横的地貌中建设坚固的桥梁，不仅需要保证地基的稳固，还需要将桥梁的沉降控制在毫米级，因为桥梁沉降一旦超标，势必会对高铁的安全运行产生严重影响。

桥梁的优势

修建高铁时采用桥梁的架设，可以减少地形和河道对高铁路线的影响，避免因地形的高低起伏使线路出现太大的波动，保证了线路的平直和平顺度，得以让列车安全、高速地行驶。同时，由于桥梁自身结构的优势，桥梁占地比路基工程要少，既节约了土地资源，又规避了路基沉降，保证了高铁封闭性行车安全。

沪昆高铁、怀邵衡铁路与怀化绕城高速交会处

中国著名铁路工程专家詹天佑曾说：『生命有长短，命运有沉升……所幸我的生命能化成匍匐在华夏大地上的一根铁轨，也算是我坎坷人生中的莫大幸事了。』

快速架桥的"武器"

地处贵州省镇宁布依族苗族自治县的克地坝陵河大桥，长 525 米，高 104 米，主跨长 168 米，在建成时被认为是我国高铁第一跨，是沪昆高铁的重点控制工程。如何架起这一座高桥，全靠一种"秘密武器"——架梁车。

这是一台我国自主研发，专为高铁建设而设计的架梁车，它有 64 个巨型轮胎，自重约 300 吨。它运送的预制箱梁高 3 米、宽 12 米、长 32 米，重达 900 吨。施工时，架梁车加上预制箱梁，这个重量级的"大家伙"约有 1 200 吨。控制这个"大家伙"在山谷间完成架梁，对工程师们来说是一个难度很大的"技术活"。

两年时间里，工程师们通过架梁车成功安放了近 300 片箱梁，提高了大桥的建设效率，减少了人力和物力的投入，同时也让我们看见了未来中国在科技领域发展的大好前景。

由于克地坝陵河大桥位于坝陵河左侧的半坡上，受喀斯特地貌的影响及场地的限制，施工难度很大。再加上工期紧，这就使确保工程建设的安全可靠变得更加重要也更加困难。但是工程师们面对紧迫的工期和艰巨的任务没有退缩，他们克服困难，全力奋战，使克地坝陵河大桥的实际施工时间缩短到不到两年半。

一座气势恢宏的桥梁横跨峡谷，巨大的T形悬灌桥梁两两相连，如同展臂高呼的巨人并排而立，蔚为壮观。

会转的斜拉桥

沪昆高铁和京广高铁在长沙南站附近“十”字交叉，该交叉点上有两座斜拉桥跨越京广高铁，它们分别是长沙南西联络线特大桥、西北联络线特大桥。

如果直接在京广高铁正上方施工建桥，哪怕有一个小石头掉落下去都会对时速 300 多千米的京广高铁列车构成威胁。因此，工程师们决定采用“先建后转”的独特施工方法，先是在京广高铁旁，沿其平行方向分别建设两座重达 1.45 万吨的独塔斜拉桥。然后将建好的桥体沿逆时针方向旋转 21 度到京广高铁上空的设计位置进行“平面转体”，两端桥体合龙后实现了跨越。

大桥完成转体后，上、下承重台会用混凝土固结，形成一个完整的基座。

“华丽转身”

为了不影响京广高铁上的列车通行，建设中的斜拉桥多了一个功能——旋转，一旦建成就可以“华丽转身”，两端和沪昆高铁对接。

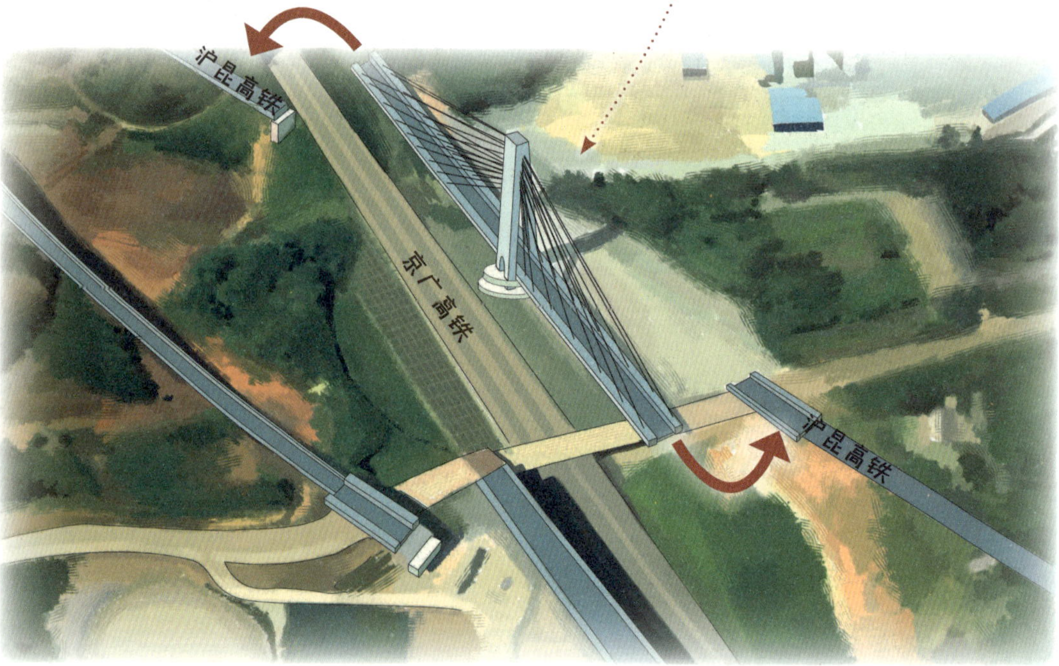

如何让万吨的斜拉桥实现转体呢？如果把这座大桥比作人的话，那这转体的秘密就全在“脚”上。原来，每座桥的底座预埋了一个像磨石一样的转体球铰，上、下球铰安装完成后，上承重台就像帽子一样牢牢扣在上面，而这顶帽子里还会紧紧箍上两根牵引索，牵引索分别伸进两台千斤顶，通过上承重台均匀施加的拉力带动整个大桥转身。

转体球铰

桥梁能够转身全靠叫作“转体球铰”的装置，它分为上、下两个部分，都经过了光滑处理，摩擦系数仅有0.04，可以让大桥轻松地转动起来。

两边不对称

斜拉桥一边长112米，另一边长84米，这种非对称独塔斜拉桥在桥梁的建设中是极为罕见的。为了达到两边桥面的平衡，在斜拉桥“平面转体”之前，施工人员要在84米长那侧的桥面上放置588吨的配重，才能达到转体所需要的平衡。

你知道吗?

铺设轨道

除了架设桥梁和修路面，高铁的建设还需要铺设无砟轨道。高铁对无砟轨道的要求极其高，如果轨道不平整或是有误差，都会对上面疾驰的列车造成威胁。

无砟轨道精调队，就是一支负责保证轨道铺设准确性的队伍，他们能将轨道铺设的误差控制在1毫米以内。无砟轨道精调队每天晚上12点以后才开始工作，因为白天的光照强度强，地表温度升高后，无论是产生的热浪还是升温的钢轨，都会对精度产生影响。

逢山开路

钻山的高铁

想要让沪昆高铁驶入云贵高原，除了沟壑，建设者们还面临着一座又一座巍峨的大山。为了到达山的另一端，只能修建隧道，让高铁钻入具有喀斯特地貌的大山中。

大独山隧道被认为是沪昆高铁最难修建的隧道之一，其位于贵州省关岭布依族苗族自治县，是典型的喀斯特复杂地质特长高铁隧道。

大独山隧道所在地的地面崎岖不平，地下发育着奔涌的暗河和溶洞。这些地质条件，造就了令人赞叹的景观，但也让隧道建设变得异常艰难。在隧道建设过程中，建设者们共穿越断层 7 处，地下暗河 1 处，溶洞、溶腔 44 处。

沪昆高铁壁板坡隧道洞口前

大独山隧道西侧洞口

土层勘探

修建大独山隧道，首先需要进行土层勘探，探明隧道掘进前方到底会遇到坚硬的岩石还是溶洞。这都可通过精密的仪器或地质雷达来勘查并得出预判。

隧道每向前推进几米，建设者们都要用地质雷达再次进行测量，以此来降低工程的风险。除了地质雷达，还要进行钻机测试。钻机可以根据打孔的时间和钻头的钻速进行分析，与地质雷达检测结果进行比对，得出相对准确的结果。

地质雷达

地质雷达能发现前方地层的变化，对于断裂带特别是含水带、破碎带有较高的识别能力。在富水地层和溶洞发育地区，地质雷达是一个很好的勘探手段。

钻机

钻机由主机、操纵台、泵站、履带车体和稳固装置五大部分组成。主机、操纵台、泵站之间用高压胶管连接，共同安装在履带车体之上，结构紧凑，便于行进和运输。

野外溶洞“大探险”

大独山隧道的修建过程中也遇到了隧道内涌水这个棘手的问题，工程师们推断在隧道附近存在暗河，因为隧道处在复杂多变的喀斯特地貌地区，在遭遇极端天气后，其地质环境会变得更加复杂，甚至会出现暗河流速加快，容易造成隧道大量涌水。

隧道内水流如注，好似大自然给工程师们出的一道难题，工程师们并没有因此停滞不前，而是走出隧道，去周围寻找隧道涌水的源头。由此，便开启了一场野外“大探险”。

你知道吗?

野外如何辨别方向?

如果我们去野外游玩，不小心迷失了方向怎么办?野外环境不同于我们生活的环境。首先不要慌，如果我们佩戴了手表，可以通过手表的表盘来辨别方向，有一句小口诀：时数折半对太阳，“12”指的是北方。“时数”是指一日24小时，你当时所处的时间。如，下午2时，就是14时，将折半后的“7”对准太阳，表盘上12所指的方向就是北方。其次，我们还可以通过观察树木等方法来判断方向，如在南侧的枝叶会更茂盛，而北侧的枝叶则较稀疏。

野外的环境变幻莫测，尤其身处喀斯特地貌的高原，许多“深不见底”的溶洞给勘探带来一定的风险，因为有的溶洞深达几百米，里面还有可能发生缺氧、落水、坍塌、瓦斯爆炸等各种意外的情况。

但是工程师们没有退缩，他们在附近发现了一条深不见底的垂直溶洞。通过观察，工程师们判断，溶洞至少深 30 米，为了查清洞里的情况，大家还是决定冒险下去。

勘探具有一定的危险性，尤其面对深深的溶洞，需要工程师们掌握一定的技能。

“鸡”先士卒

有着丰富经验的工程师们，每次勘探都会带上一只鸡，先把鸡扔进隧洞，如果鸡还活着，证明洞内氧气充足，并且少有像瓦斯等有害气体。

扔石探路

为了判断溶洞的深度，工程师们会扔下一块石头，根据石头扔出去与听到石头落地声音的时间差，以及声音在空气中的传播时间来计算溶洞的深度。

用火测氧

探测溶洞里氧气是否充足的方法还有点燃火柴、木棍等，如果能点燃、持续燃烧，说明溶洞里氧气比较充足。

虽然这些是“土”办法，但在条件恶劣的情况下，这也是最有效、最经济、最常用的检测方法。

经过大家不懈的努力，发现在这条溶洞内就隐藏着大独山隧道涌水的源头——暗河，这为解决隧道的涌水问题找到了根源。

隧道“引排泄水”

大独山隧道附近的暗河已经找到，暗河是造成隧道不断涌水的主要原因，那么如何解决隧道涌水的问题，是工程师们接下来需要面对的。

工程师们经过一系列复杂的设计、施工，让造成隧道涌水的暗河改道，实现“引排泄水”。

隧道还设计了贯通平行导洞来承担排水以及防灾、救援、疏散等功能。针对不同的围岩情况，采取了加深侧沟排水、立交排水等不同的排水方案，为以后类似的喀斯特地区的隧道排水设计施工提供了工程和技术上的借鉴和经验。

立交排水

立交排水两端采用钢筋混凝土封堵，并设置15米的钢筋混凝土爬坡道，便于后期维护和救援通行。

隧道涌水

隧道涌水是修建隧道时经常会遇到的问题，工程师们会努力找出隧道涌水的源头，根据实际情况解决问题。

排水沟功能

排水沟除了具有排水功能，还充分考虑到排水沟后期的维护和救援功能，使平导洞排水系统为大独山隧道做好排水“服务”打下了稳固且长久的基础。

引排泄水示意图

引排排水沟采用混凝土浇筑而成，它能改变原有的暗河河道，使暗河的水不涌入隧道。

图书在版编目（CIP）数据

中国路 / 陈馈，王江卡，周蓓主编 . — 郑州：河南科学技术出版社，2023.4（2023.7 重印）
（中国超级工程丛书）
ISBN 978-7-5725-1167-7

Ⅰ . ①中… Ⅱ . ①陈… ②王… ③周… Ⅲ . ①道路建设 - 中国 - 青少年读物 Ⅳ . ① F542.3-49

中国国家版本馆 CIP 数据核字（2023）第 057390 号

中国路 

出版发行：河南科学技术出版社
地址：郑州市郑东新区祥盛街 27 号 邮编：450016
电话：（0371）65788613 65788857
网址：www.hnstp.cn
总 策 划：张 勇 徐 春
策划编辑：牟 斌 刘燕芳 薛 雪
责任编辑：许逸舒 刘燕芳 薛 雪 牟 斌
责任校对：耿宝文 徐小刚
整体设计：小红帆
插图绘制：姜 雨 王美伦 赵博文
责任印制：宋 瑞
印 刷：涿州市京南印刷厂
开 本：787 mm × 1 092 mm 1/16 印张：6.5 字数：150 千字
版 次：2023 年 4 月第 1 版 2023 年 7 月第 2 次印刷
定 价：49.80 元